保育とは何か

近藤幹生
Mikio Kondo

岩波新書
1509

目　次

序章

社会のまなざしを乳幼児期へ向ける

いま、なぜ保育を問うのか——子ども、親、保育者のために

誰もが子ども時代を経験している。乳幼児期を過ごし、学童期・青年期へとすすみ成人して社会人となる。乳幼児期は、長い人生のスタートラインである。しかし、乳幼児期のことが、社会全体の課題として受けとめられていないのは、どうしてだろうか。

おとなになってしまった人にとっては、乳幼児期は、遥か遠い過去の出来事にすぎない。だから、いまさら時間をとって考えてみてもしかたがない。それに、その頃の記憶といっても、人によってもちがうし、あまりはっきりしない。あるいは、おとなになってから自分の子ども時代を振り返るには、恥ずかしいことや、思い出したくないことがある。乳幼児期が、社会全体の課題にならないのは、こんな事情があるのかもしれない。

それでも一人ひとりの子どもたちは、乳幼児期を経てから、時間をかけておとなになっていく。いま、私は、乳幼児期のあり方を、正面から見つめたいと思っている。特に、子ども・親・保育者のことを考え、応援していきたい。

乳幼児期を、懸命に生きている子どもたちは、どのように過ごしているのか。乳児(〇歳)の

時から、泣き、笑い、食べ、動きまわり、さまざまな要求や願いをもっている。ことばをまだ発しない時期から、力いっぱい、自分の気持ちを表現している。乳幼児期とは、このあたりまえのことが、いちばん尊重されるべき時期である。「子どもの最善の利益」の保障ということがいわれるゆえんである。しかしそれが、不十分であるということだろう。

では、親たちは乳幼児期をどのように受けとめているのだろうか。

わが子が乳幼児期にある頃には、そのあり方などをゆっくり考える余裕はない。たとえば、「離乳食のつくり方をおしえてほしい」「夜泣きがはげしいけれど、いつごろまで続くのか」など、相談したいと思っている。もちろん、子どもたちの環境は良くあってほしいし、そのために、積極的に行動し発言もしたい。しかし、そんなゆとりはなく、毎日が過ぎていく。時間を確保する厳しさだけではなく、精神的にも、ゆとりをつくりだすことが大変なのである。それでも、わが子の寝顔を見てほっとし、成長してゆく姿に喜びをかみしめる。親たちは、子どもと共に、ジグザグした道のりを歩きながら、子育ての日々を過ごしている。

乳幼児期の子どもたちに、毎日かかわっている保育者がいる。保育園や幼稚園、あるいは児童養護施設などで働いている。親から大事な生命を預かり、きょうも明日も、早朝より遅くまで、子どもたちの保育をしている。

多くの保育者は、自分から選んで、保育の道に入った。子どもを育てる「保育」という仕事は、日本の未来を築く、生きがいとなる仕事である。子どもは未来そのものだからである。ところが、社会的には、その苦労と喜び、専門職としての位置づけについて、あまり理解されていない。

保育とは、人間が人間を育てる営みで、その内容はとても豊かである。保育のあり方は、制度の制約を受け、社会の需要によっても変化する。しかし、時代は変わっても、保育を成りたたせる理念には普遍性がある。保育の基本的な役割とは、子どもの成長・発達を保障すること、親が働くことを支えること、地域社会の子育てを応援することなどである。保育を通して考えてみると、一人の子どもの存在が、周りのおとなたちを結びつける役割を果たす。そして、子どもの保育を通して、地域の輪ができていく。保育には、地域社会をつくっていく力がある、といっても言い過ぎではないだろう。

二一世紀になって十数年、いま、保育という営みの偉大さを、いっしょに見つめていきたい。本書は、一九七八(昭和五三)年から現在まで、保育者や園長として、また、大学の教員として保育にかかわってきた私の経験をもとにした、応援のメッセージである。保育という営みが、社会全体において、見直されていくことを期待している。子ども・親・保育者に目を向けながら、保育や子育てを支援する輪を、つくりだしていきたいと願う。

ところで、これからの保育・子育て支援のあり方を考えていくとき、最近五～六年間の出来事に言及しておく必要があるだろう。

二〇〇九(平成二一)年夏以降、政権の交代や首相の交代が繰り返されてきた。それによる、保育や子育て支援の現状や見通しを、どう考えたらよいのだろうか。

この間、保育や子育て支援に関する議論は、活発におこなわれてきた。この事実は冷静に見つめたい。ただ、新たに開始される制度は、変化が大きく内容が複雑なので、正直のところ説明が大変である。長時間の議論の結果、見えてきたのは、必ずしも前進の面ばかりではなく、後退する可能性も含んでいることだ。

ただ、せっかく議論を重ねてきたのだから、その力を、日本社会の未来＝子どもたちのために、つないでいきたい。

二〇一一(平成二三)年三月一一日、東日本大震災、その後、原発事故が起きた。一人ひとりの人間や社会のあり方が根本から問われた事件である。

震災により、幼い生命、たくさんの子どもの家族が奪われた。保育園や幼稚園関係者をはじめ、保育する場所を一瞬にして失ってしまったケースも少なくない。さらに、原発事故による放射線の影響が続いており、戸外で遊べない子どもたち、いまだにわが家に帰れない人たちが多数存在する。長い期間にわたって影響が続いている。

私も、十分なことはできてはいないが、保育者・園長の立場から、力説しておきたいことはいくつもある。たとえば、激しく揺れる地震で、園の子どもたちを懸命に守りぬいた仲間たちがいたことである。保育者も、自分の家族を心配しながら、全力で園の子どもを守り避難させた。保育者として当然の姿ではあるが、この生き方に、心強さと誇りを感じる。

さらに、保育との関連で注目したいのは、大災害のおこった直後(二〇一一年四月末)に、地域主権改革一括法が成立したことである。それまでは、保育園の職員配置や保育室の面積などは、最低限守るべき基準として、国としての基準が示されていた。しかし、国としての最低基準の緩和が決定されたのである。地域主権改革ということで、都道府県ごとに、基準を条例化することですむようになった。被災地の支援や復興に全力投球すべき時期に、なぜ、こうした規制緩和策がすすむのかと私は疑問に思った。人間の生活、成長・発達の砦ともいうべき保育の場、保育の条件にかかわる規制緩和が、ほとんど議論もなく決まってしまった。この国の保育・子育て支援への理解の不十分さに驚いた。そして、主権者の一人として、子どもへの責任をかみしめた。

さて、この間、保育や子育て支援に関する施策が検討されてきた。

待機児童の増加、幼稚園と保育園の一体化問題、さまざまな子育て支援策が議論されてきた。二〇一二(平成二四)年夏、新しい法律(子ども・子育て支援法)が成立した。それは、消費税率を、八%、一〇%へと増加させ、それにより、保育・子育て支援策が拡充されるという「税と社会保障の一体化」による制度である。新しい法律の成立により、具体的課題が示されたが、そこまで「準備」されたところで、二〇一二年末に総選挙がおこなわれた。

こうした一連の動きが、乳幼児期の子どもたちにとっては、どのような意味をもち、保育・子育て支援のあり方は、これからどうなるかを考え合いたいのである。

第1章
保育はいま

認可保育園に入れない

二〇一三年二月、東京都杉並区の母親・父親たちが、乳幼児を抱き、あるいは手を引いて区役所に集まった。わが子が、希望した認可保育園に入園できなかったことに対して、行政不服審査法に基づき、集団で異議を申し立てた。これは、「認可保育園に入れない」という行政の回答に対して、異議を申し立てることができる法律のことである。児童福祉法第二四条第一項には、「保育の実施」として、保育が必要な場合には、「保育しなければならない」ことが定められている。その責任を果たしてほしいという、親たちの行動である。

育児休業中で、春からの職場復帰をめざす人や、仕事先を確保して働きたいという母親もいる。それぞれ、事情がちがうとしても、親たちは、わが子を認可保育園へ預けて働きたいという要望を、仲間たちといっしょに、行政につきつけたのである。区役所は緊急の記者会見をおこない、緊急・臨時的対応をとり、新たに入所の枠を示したことなどが伝えられた(『東京新聞』二〇一三年二月二二日、『朝日新聞』二月二三日ほか)。

二〇一四年にも、東京都武蔵野市、小金井市をはじめとした周辺の地域で同様の動きがおこった。「〇〇市保育園増やし隊」「〇〇保育園探し隊」など、ツイッターやブログなどで親たち同士の輪ができた。こうした動きが急速に広がり、新しい保育園の建設計画を立て、実際に保育園建設をすすめる自治体も出てきた。

親たちが春浅い寒さのなかで行動をおこした。認可保育園への入園が、きわめて狭き門である現実を、社会に向けてアピールしたのだ。保護者の大半は、入園にあたっては園庭があり、保育者がそろい、所得に応じた保育料負担になっている認可保育園に入園させたいと考えている。こうした要望があり、具体的解決を求めているのである。

これらの行動について、「保育園に入れなくて悔しいから抗議している」「情緒的行動だ」との声が一部にあった。しかし、そうではないだろう。認可保育園への入園希望は、子どもを産み育てる親としての、あたりまえの願いである。それは、「安心できる場で、たくさん遊びたい」という子どもの声を届ける、主権者としての行動である。もちろん、子どもを育てる責任は親にある。同時に、社会も大きな責任を担っていることを確かめておきたい。

このように、認可保育園に入れない子ども、いわゆる待機《たいき》児童が増加しているというニュースが毎年、繰り返されている。「待機」という言葉を辞書でひいてみると、「準備をととのえて機会の来るのを待つこと」（広辞苑）とある。たとえば、ハイキングの持ち物をリュックサックにつめて「おかあさん、早く行こうよ」と、子どもが玄関で待っている光景を思い浮かべることもできる。しかし、保育園への入園を待つ子ども（親）は、そんなのんびりとした状態とはちがう。わが子が保育園に入れなければ、親は仕事に就くことも、仕事を続けることもできない。そこで、入園の申請をするために市役所へ行くと、働いている事実を証明できる書類「就労証明書」（勤務先が発行する）の提出が求められる。「でも、自分はまだ仕事をしていない。いったい、どうしたらよいのか。子どもを預けなければ、仕事探しさえできないのに」と嘆く声も聞こえてくる。

多くの親たちは、出産後、来る日も来る日も、わが子と一対一で過ごしている。きっと、子育てに、戸惑いや不安を抱えてしまう時もあるだろう。どの程度、応援の手がさしのべられているのだろうか。そうして、わが子の成長を見つめながら、保育園へ預けることを決断し、ようやく認可保育園への入園を申請した。そして、あたかも入学試験の結果を待つような、祈るような気持ちだったにちがいない。そこへ、先程の親たちのように、「入園できない」という通知（入園は不承諾という文書）が届いたのである。

こうした親たちへ、社会はどう応えるのだろうか。「安心して子どもを産み、育てやすい社会をめざす」ということが言われてから、ずいぶん時間が経過した。何とか、解決の方向性を見出さなければならないはずだと思う。

いっぽうで、こんな声も聞こえてくる。「保育園を出産後に探すなんて、のんきすぎる。入園の手続きは、早くからネットで検索するなどして、厳しさを熟知しておくのが常識でしょ。スピード社会で子育てをするのだから、競争にも勝たなくちゃ。あなたも親でしょ、育児休業をゆっくりとっていないで、認可外に預けて保育が必要だという実績をつくったりしないと入れないわよ……」と言われたりする。なかには、親同士のネットワークをもたないために状況がわからず、保育園が見つからないのは、「自分の努力が足りないからだ」と自分を責めて、涙ぐんでしまう親もいた。

育児休業明けに、わが子の入園先を探す苦労も並大抵のことではない。都内の保護者向けの学習会で、講演後の質疑応答の際に、こんな例を聞いたことがある。

公立、私立の認可保育園を探したが、どこも定員一杯で入れなかった。仕事を続けなければならないので、ようやく認可外の施設に預けることができて、ほっとしていた。ところが、入園後まもなく、「わが園は、以下の方式による保育をしている。何があっても訴訟等をおこしたりしません」という誓約書にサインをもとめられた。「自分は、いったい何の悪いことをしたのか。わが子を預かってほしいだけなのに」と切なくなったという話である。

こうした気持ちを抱いてしまう親を、いま、社会の中で支え合うことが求められている。親子を、全面的に応援することがスタートラインだと思う。待機児童数が「増えた」「減った」とカウントするだけではなく、その背後には、一人ひとりの親子の具体的な姿があることに目を向けてほしい。親たちが行動することは力強いし、もちろん意見表明をされることに賛成である。その力を、何とかして保育・子育て支援を拡充する方向に束ねていけるようにしたい。ただ、入園先は自分で探すべきだという、自己責任の考え方になってしまうと、親同士は、つながるネットワークではなく、おたがいが入園をめざす競争相手になってしまう。

いま、認可保育園に入れない待機児童問題の解決策を、急いで検討することが求められている。国・自治体が、保育を実施する責任があることについて、児童福祉法第二四条第一項は、明記している。以下は改正された条文(施行予定)だが、市町村が保育の実施責任をもつことは、これまでと変わらない。

「市町村は、この法律及び子ども・子育て支援法の定めるところにより、保護者の労働又は疾病その他の事由により、その監護すべき乳児、幼児その他の児童の保育を必要とする場合において、次項に定めるところによるほか、当該児童を保育所において保育しなければならない」。

区役所へ足を運んだ、認可保育園への入園を求める母親・父親たちの行動は、国・自治体が行政として、保育を実施する責任を果たしてほしいという、あたりまえの意思表示だといえるだろう。

少子化対策のはざまで

日本は少子化社会であり、同時に、これまで経験したことのない超高齢化社会になると言われている。子どもの数が少なくなるのに希望する認可保育園に入園できないとは、どういうことなのだろうか。これまでの対策は、認可保育園を建設する方向をめざしてきたのかどうか。最近の少子化対策をたどり、子どもや親の立場から、そのあり方を考えてみたい。

日本の人口は、明治期以降に増加しはじめ、大正期、昭和期と右肩上がりに増加してきた。そして、いまから約一〇年前の二〇〇五年に、はじめて人口が減少する方向に転じたということである。さらに、今後、急激に少子化がすすむことが予想されている。

子育て支援が少子化対策として表面化するのは、こうした人口減少の最中、とりわけ一九八九年の合計特殊出生率一・五七が明らかになってからである。六〇年ごとにある丙午《ひのえうま》の年（一九六六年）の合計特殊出生率一・五八よりも低下し、「一・五七ショック」と報道された。

この時以来、つまり九〇年代初めから、少子化問題が政策課題になってきたのである。国が、保育や子育て支援はどうあればよいのか、考えざるを得なくなったといえる。もちろん、それ以前の一九七〇〜八〇年代にも、必要性から保育園の増設が進んできた時期もある。しかし保育園の増設については、抑制される方向へと転換されてきた。

エンゼルプラン、新エンゼルプラン、子ども・子育て応援プラン

少子化の進行に直面して、国が示した子育て支援策とは、どのような内容だったのだろうか。一九九四(平成六)年一二月には四大臣(厚生・文部・労働・建設)の合意で「今後の子育て支援のための施策の基本方向について」(エンゼルプラン)が策定された。続いて、九九年の「新エンゼルプラン」、二〇〇四年の「子ども・子育て応援プラン」と、子育て支援策が定められてきた。

三種類のプランの基本的考え方を紹介しておく。

「エンゼルプラン」では、仕事と子育ての両立を支援することを特徴としている。そして、「新エンゼルプラン」は、特に専業主婦の場合の子育てに注目した施策である。共働きの女性よりも、子育てへの不安感が大きいということが強調された。同時に、認可保育園に入園を希望しても入れない待機児童が存在することから、待機児童ゼロ作戦が打ち出された。さらに、「子ども・子育て応援プラン」では、保育の事業よりも、子どもの生命の大切さに関する学習

支援や若者の自立に向けた支援、男女共同参画社会に向けた働き方の見直しなどが議論された。

こうして、九〇年代初めからの約二〇年間に、三つの子育て支援策を柱としながら、二〇一〇年の「子ども・子育てビジョン」「子ども・子育て新システム検討会議」(第4章の内容へ続く)に至る、子育て支援策が打ち出されてきたのである。

親が安心して子どもを産み育てるためには、子育ての環境条件の改善が必要である。この当たり前のことを、国としても、ようやく本腰を入れて考えざるを得なくなったといえるだろう。もちろん、基本的考え方に示されたこと(仕事と育児の両立、低年齢からの受け入れ、労働時間や通勤時間に見合う延長保育や休日保育などの保育サービス)が拡充されることは、親にとってもうれしいことである。しかし、これらの施策が具体化されていくには、長い時間を必要としたのである。

たとえば、一九九八年、乳児保育(〇歳児保育)がようやく拡充された。乳児保育の一般化といって、全国どこの保育園においても、〇歳児の受け入れができるようになった。それまでは、条件のあてはまる指定保育所でしか、乳児の受け入れはできなかった。地方で、人口が減少している地域にある認可保育園などでは、〇歳児からの保育の希望があっても、乳児の数が少ないと受け入れができなかった。しかし、ようやく受け入れが可能となり、一歩進んだ成果ともいえる。

二〇〇三年の児童福祉法の改正では、子育て支援事業が制度化された。いまでは、子育て支援ということばは珍しくないが、この頃から、制度化されてきた。たとえば、保育園や幼稚園に入園していなくても、親子が自由に園に行き、遊びに参加することができたり、つどいの広場事業といって、育児の相談に応じたり子育ての情報提供もされるようになった。一時的な保育や幼稚園での預かり保育（幼稚園の教育時間後に夕方まで預かる）などもおこなわれるようになった。

こうして、保育園や幼稚園だけではなく、地域社会全体が、乳幼児期の子どもたちへ、関心を持たざるを得なくなったともいえる。

待機児童ゼロ作戦――入園定員の弾力化と短時間保育士の導入

こうした施策と前後して打ち出されたのが、いわゆる待機児童ゼロ作戦である。大きく分けると、待機児童ゼロ作戦（小泉内閣）と新待機児童ゼロ作戦（福田内閣）とがある。「待機児童がゼロ」になるとは、聞こえのよい作戦ともいえる。もし、この時点で、待機児童問題を解決するために、認可保育園を建設する抜本的対策に力を入れていたら、改善に向けて、光がさしはじめたちがいない。

実際の待機児童ゼロ作戦の特徴をあげて、振り返ってみよう。

待機児童ゼロ作戦の柱として、保育園の定員数の弾力化がある(「保育所への入所の円滑化について」)。

認可保育園には、それぞれ六〇名、九〇名、一二〇名というように、入園できる園児の定員が定められている。待機児童ゼロ作戦で示されたのは、この定員の弾力化、ということである。つまり、現状の定員は変えないまま、定員を超えて、子どもを受け入れてもよいことにしたのである。たとえば、一〇〇名定員の保育園の場合、年度途中からは、一二五名まで受け入れてよいことになった。その後もさらに、年度当初からも「無制限」にまで規制緩和されたのである。

認可保育園には、保育室の面積の基準などがある。二歳未満児の場合、保育室の面積は、子ども一人あたり一・六五平方メートルになっている。ほふく室の場合には、一人あたり三・三平方メートルである。ほふく室とは、ハイハイをするなど乳児が自由に動き回れる部屋である。三・三平方メートルは、畳で二畳分の広さである(「児童福祉施設の設備及び運営に関する基準」)。

保育する立場からみて、この面積の基準はとても狭い。しかし定員の弾力化により、定員以上に子どもが増えていく。わが子が認可保育園に入園することができ、親はとりあえず、安心したかもしれない。しかし、入園後の子どものことは、誰が考えてくれるのだろうか。現状でも、十分な広さではないところへ、次々と子どもが入ってくる。保育園が定員を超えて園児を預かるということは、ぎゅうぎゅう詰めの状態になるということである。子どもたちには、狭いけれど、我慢してもらうしかない。

とても残念な光景だが、保育園の玄関を入ってすぐの空間が、保育のスペースとなっている様子を多く目にするようになった。子どもたちは、伸び伸びと遊びたいだろうが、どうしたらかなえられるのだろうか。

そこで毎日、汗を流しながら、勤務する保育者たちがいるのである。

待機児童ゼロ作戦の内容により、保育者たちの仕事も、厳しさを増していくことになった。なぜなら、短時間勤務の保育士が導入されたからである。基本的には、どのような職場であっても、正規の職員が配置され、原則として一日に八時間の勤務をしている。ところが、保育園の場合には、一日に六時間だけ勤務をする、あるいは月に二〇日間程度を勤務する者により、職場が構成されてよいという、規制緩和策がおこなわれたのである(「保育所における短時間勤務の保育士の導入」)。

もちろん、保育園において非常勤や短時間の保育士が必要な場合はある。たとえば、通常の保育時間を超えて子どもを預かる(いわゆる長時間保育)場合、正規職員と連携し、いっしょに支えてくれる非常勤の保育士が必要となる。しかし、普段の保育をすすめていく際に、八時間の勤務をする保育士が確保されなくてもよい、という考え方には問題がある。

乳児の保育においては、家庭での食生活の様子をつかみ、離乳食を徐々にすすめていく場合がある。そんな時、担当の保育者は、家庭での様子をくわしく聞くこと、つまり保護者とのコミュニケーションが大切になる。保護者と話す送迎の時間帯に、短時間保育士だけの場合には、親と正規職員である担当保育者との意思疎通が不十分になってしまう。また、子どもの立場からみたときにも、短時間保育士の導入には、配慮する課題が多い。子どもが保育園の新しい生活に慣れていくには、ゆっくりとした時間の流れが必要な場面が少なくない。休み明けの朝、父親と離れるのがいやで、大声で泣きだしてしまう光景を想像してほしい。そんな時、保育者は、その子を抱き上げながら、「おとうさん、おむかえに来るよ。大丈夫だよ」などと、気持ちを理解してあげて、次の遊びにさそっていく。年齢にもよるが、子どもを受け入れる朝の時間帯などに、親との会話の中で、関係をていねいに築いていく配慮がほしい。短時間の保育士だけでは、十分な意思疎通がむずかしくなり、正規職員と短時間保育士とが、たがいに連携をはかり保育をすすめていく必要がある。

　こうして進められた保育園の定員の弾力化と短時間保育士の導入は、各地へ広がった。定員の弾力化は、全国で六九・九％の保育所で実施(指定都市では九一・二％)となっている。短時間保育士は、全国八七二八か所で導入されているのである(「平成二三年度地域児童福祉事業調査」厚生労働省)。

　二〇〇八(平成二〇)年二月、厚生労働省は「新待機児童ゼロ作戦について〜希望するすべての人が安心して子どもを預けて働くことができる社会を目指して」(新待機児童ゼロ作戦)を打ち出した。当面の重点目標として示されたのは、保育サービスの量的拡大と提供手段の多様化として、家庭的保育、認定こども園、幼稚園の預かり保育事業、事業所内保育の充実などがあげられている。

　特に首都圏での待機児童問題は、あとでみるように(一〇〇頁)深刻な状況が続いてきており、国としても少し先の見通しを持ちながら、考えざるを得なくなった。新待機児童ゼロ作戦では、一〇年後(二〇一八年)の目標として「保育サービス(三歳未満児)の提供割合を、現在の二〇％から三八％へと増やす」ということが書かれている。〇〜三歳児の利用を一〇〇万人増やすという計画を示した。

企業による保育園への参入

待機児童ゼロ作戦の内容として、認可保育園を設置する主体の制限を撤廃したということも大きな特徴である。それまで、認可保育園を設置して運営することができるのは、自治体か非営利法人である社会福祉法人に限られていた(二〇〇〇年三月まで)。その制限が撤廃されて、保育園に企業などが参入できるようになったのである。

自治体による保育園とは、○○市立、○○区立の保育園ということである。そして、民間でも非営利法人、つまり営利を追求することを目的としていない法人である社会福祉法人であることが、それまでの保育園を設置・運営する条件であった。

では、二〇〇〇(平成一二)年以降、市町村や社会福祉法人以外の保育園の認可はどのくらいすすんだのか。二〇〇〇年度には、社団法人・財団法人が一、学校法人が六、宗教法人が六、NPOが三、株式会社・有限会社が六、個人が五で合計二七か所であった。それが二〇一三年度では、社団法人・財団法人が一〇〇、学校法人が五八八、宗教法人が二四四、NPOが八六、株式会社・有限会社が四七四、個人その他が一七三となっている(「保育所の設置主体別数」厚生労働省、二〇一四年五月)。

市町村や社会福祉法人以外による保育への参入が急増しているのは、保育園への入園を待つ待機児童数が多い自治体である。

株式会社等が保育園を経営する場合、会社として初めて認可保育園をはじめるケースがある。また、公立保育園が民営化され、教育関連の企業などが受託する場合もある。さらに、公立保育園において保育士の確保がむずかしく、企業から保育士が派遣されるという事例も聞かれるようになった。自治体や社会福祉法人に限られていた保育園に、株式会社などの企業が参入したことで、都市部における保育園の状況は、ずいぶん様変わりしてきた印象がある。

このように、待機児童ゼロ作戦の基本方向は、認可保育園を計画的に建設する、あるいは増設していく方針ではなかった。つまり、保育園において定員を超えて園児を入園させることで、待機児童問題の解決をはかろうとしてきた。そのうえ、正規の保育者を増やすのではなく、短時間勤務をする保育士の導入が進んできた。さらに、認可保育園を設置・運営する主体については、制限を取り払うことで保育施設の量的拡大をはかろうとしてきたのである。

国は、新待機児童ゼロ作戦を示した頃(二〇〇八年)から、数十万人という潜在的な待機児童が存在することを確認し、保育施設の量的拡大をめざしてきた。問題は、どのような方法で、待機児童問題の解決をはかるかである(第4章参照)。

表1-1　10月1日現在の公立保育園数，私立保育園数

年	公立保育園数	私立保育園数	合計数
2005	11,752	10,872	22,624
2006	11,510	11,210	22,720
2007	11,240	11,598	22,838
2008	10,935	11,963	22,898
2009	10,380	11,870	22,250
2010	9,887	11,794	21,681
2011	9,487	12,264	21,751
2012	9,814	13,926	23,740

全国保育団体連絡会・保育研究所『保育白書』各号より作成

公立保育園の減少とその理由

待機児童の問題と合わせて注目されてきたのは、公立保育園の民営化問題である。

公立保育園の民営化が際立ってきたのは、約一五年前にさかのぼる。二〇〇一年度に民営化された保育園は、前年度の一三か所から二九か所へと増えた。そして、〇五年に一六九か所、〇六年度には一三二か所へと増えてきた(全国保育団体連絡会・保育研究所『保育白書二〇〇八年版』)。

二〇一二(平成二四)年、認可保育園は二万三七四〇か所ある。そのうち公立保育園は九八一四か所、私立保育園は一万三九二六か所となっている。〇六年までは、公立保育園数が私立保育園数よりも多かった。〇七年以降、私立保育園数の方が多くなってきているのである(**表1-1**)。

公立保育園が減少し、私立保育園が増えてきている理由

を考えてみよう。たとえば、地方の過疎化による園児数の急激な減少がある。園児が減り、公立保育園を維持することがむずかしくなってきている。残念なことだが、公立保育園を廃止または統合するという選択をせざるを得ないことがある。いっぽう公立保育園の運営を民間の社会福祉法人や企業などに移管する、いわゆる民営化によって、公立保育園が減少してきている。

公立保育園の民営化については、二一世紀をむかえる頃からの、構造改革・規制改革に目を向けていく必要がある。それは、「民間でできるものは民間で」という施策があり、保育園も公立から民間へ、という流れが強められてきたからである。

子どもの立場から、民営化問題を考える

公立保育園の民営化問題は、子どもの立場から、考えることが必要ではないだろうか。乳幼児期の子どもたちは、どの子も、自分の入園先がA公立保育園なのか、あるいはB私立保育園なのか、どのような保育者や友達と出会えるのか、これらを自分で決めることはできない。しかし、その環境に、最も影響を受けるのは子どもたちだ。この事実を見つめて、混乱があるとしたら、それを解決する真剣な努力をするのが、私たちおとなの役割だと思う。

六〜七年前、関東地方で、企業経営の認可保育園が三〇施設近くも、一度に閉鎖されたこと

がある。保育園を閉鎖する主な理由として、関連会社による資金繰りの悪化があると報道された。保育園で過ごしていた子どもたちは、行き場を失い、保護者たちは困り果てた。しかし、企業立の保育園が、認可保育園であったので、自治体が懸命に努力し、園児たちは、別の認可保育園へ入ることができた。

子どもの成長・発達を保障する保育事業が、企業の経営上の理由(採算性や効率性が低い)で取りやめになった。危惧されたことが現実化してしまった例である。公立保育園の民営化により、都市部では、株式会社など企業による保育園経営も珍しくなくなった。今後、保育のあり方を、注意深く見ていく必要がある。公立保育園の民営化の場面で、努力すべき方向性は、「子どもにとって最善の利益」を守るという姿勢で取り組むことだろう。私たちおとなは、混乱を少なくして、信頼関係をとりもどす努力を粘り強く重ねていかねばならない。

国・自治体は、日本社会の将来そのもの＝子どもたち、のために、財政の拡充をはかり、公立保育園・私立保育園をはじめとした公的保育の拡充に、力を尽くすべきではないだろうか。

特に、自治体が直接責任をもつ公立保育園の役割を確認したい。児童福祉法の理念を踏まえ、養育困難な子どもや虐待のおそれがある子の入所義務を果たすことなどである。

そもそも公立保育園の民営化とは

ひとことで公立保育園の民営化といっても、進み方は複雑である。公立保育園が廃止されて、新しく私立保育園をつくるケースがある。この場合、公立保育園の建物は、民間の法人などに譲り渡される。場合によっては無償だが、有償で買い取ることが条件となる場合もある。

保育園の園舎が建っている土地については、長期間(たとえば三〇年間など)にわたり貸与される場合が多い。保育園の建物や場所もそのままだが、保育園を運営する主体が、公立保育園(自治体)から私立保育園(社会福祉法人・企業など)へ変わっていく。民営化される前の公立保育園は、自治体が責任を持って運営してきたので、これは大きな変化である。そこで、運営を公立から私立へ移管するには、保育園の設置に関する条例などで、公立保育園を廃止する手続きが必要になる。いっぽう、新しい持ち主(社会福祉法人、企業など)は、私立保育園を始める申請を、都道府県や市町村に提出する。とても複雑な手続きになる。

また、公立保育園の運営を、民間に委託する方式もある。この場合には、園舎と土地も、自治体が所有したままで、保育園の運営のみが社会福祉法人などに移管される。二〇〇三(平成一五)年、指定管理者制度という仕組みがスタートした。公的な施設の管理を、民間の事業者におこなわせるもので、公立保育園の運営を民間に委託する場合は、指定管理者制度によりすすめることになった。

このように、公立保育園の民営化は、保育園の設置や運営についての大きな変更になる。こうした民営化には、さまざまな混乱がある。なかには訴訟になったケースもある。

東京都内のある区立保育園が民間に委託された。区が委託した先は株式会社であった。ところが、スタート間もない頃から、保育園の職員の退職者が続いてしまった。当然ではあるが、子どもを預けている親の不安が増した。この事態を受けて、行政側も株式会社に対して、改善するように勧告を出した。事業者側は、改善策を提示したものの、保護者側が納得しなかったのである。

また、関東地方のある市では、公立保育園をいくつか廃止し、社会福祉法人が保育園を新設する方式で民営化を準備していた。これに対して、保護者が民営化処分の取り消しと損害賠償を求める裁判をおこした。この訴えに対して、地方裁判所は、民営化は「違法」とする判決を出した。各紙で大きく報道され、「大方の保護者の同意が得られていると言い難い」「突然に本件民営化が公表されたこと」などの状況であったことが浮き彫りにされた。

こうした混乱や訴訟により、行政側と保護者との信頼関係には大きな影響が出てくる。それにしても、どうして、訴訟にまでなったのだろうか。個別の事情はいろいろとあるが、「はじめに民営化ありき」という、行政の姿勢があったからと思われるケースが多い。公立保育園の民営化とは、公立保育園を存続するのか、廃止なのかが問われることである。だから、議会で廃止を議決する必要がある。その際、行政側には、民営化をする理由や根拠を示す責任がある。議会では、慎重な審議とともに、子どもを預ける保護者への説明を、時間をかけておこなうことが必要である。

議論を重ねて、やむを得ず、議会で民営化が決定された場合には、なおさら、保護者や関係者の考え方を反映するシステムが必要になる。指定管理者制度による場合、事業者を選ぶには、意見を十分に反映させ、決定までのプロセスは、公開する原則を守るべきだと思う。

移管先の社会福祉法人や私立保育園が、ようやく決定してからも、さまざまな課題がある。子どもや保護者は、それまで保育をしてくれた公立保育園の保育者と、それも大半の保育者と、別れなければならない。いっぽう私立保育園の側では、職員を採用し、新しい職員集団をつくっていく責任がある。公立保育園から私立保育園の側に、引き継ぐ内容も多くあり、保護者からの不安や疑問にも、ていねいに対応していってほしい。

さらに、民営化は、基本的には新年度からスタートする。保育園における新年度とは、子どもも、職員、保護者ともに、新しい環境に置かれるため、忙しく落ち着かない時期である。十分に準備する期間、移行のための期間をおく必要があるだろう。

公立、私立には関係なく、保育の質の向上を

公立保育園の民営化にあたって、保育の質にかかわる議論がおこなわれてきた。たとえば、「公立の保育よりも、私立の方が自由でよい」「公務員の人件費が高すぎる」「保育士の経験年数の長い公立の方が、私立よりも保育の質がよい」などの意見がある。こうした点は、どう考えたらよいのだろうか。

まず確かめておきたいことは、公立保育園も私立保育園も、地域社会において、児童福祉法の基本理念による、子どもの幸せの実現をめざす保育園として、公共的な役割を担ってきたという事実である。

保育における自由とは、どのようなことを意味するのだろうか。

保育の自由とは、保育者が毎日の保育実践を自主的におこない、保護者とも信頼関係を築きながら、保育を積み重ねていくということである。したがって、保育における自由とは、公立・私立ともに、追究すべき大事な中身だといえよう。公立と私立とで、どちらがより自由な保育だと考えることは、むずかしいのではないか。

また、「公務員の人件費が高い」とよく言われる。人件費のことは、第4章、第5章でも説明するが、同じ自治体において、公立保育園の保育者たちが、他の公務員と比べて、特に高い給与を得ているのだろうか。年齢、経験年数、職位によるちがいはあるが、公立の保育者だけが、他の公務員と比べて高いわけではない。確かに、公立保育園の保育者の給与が、私立保育園の保育者のそれと比較して高いという現実はある。しかしそれは、国・自治体から私立保育園への人件費の補助が、十分に保障されていないところに問題がある。だから、保育者である公務員の人件費だけが、特に高いとはいえないと思う。

私は、乳幼児期の保育をする保育者の給与水準はとても低く、せめて小学校の教員並みに引き上げるべきだと考えている。

さらに、保育の質について、「公立の保育士の方が経験年数が長いから、保育の質が高い」という声もある。しかし、保育の質を、公立と私立との経験年数で単純に比較して考えることは、適切ではないと思う。保育の質とは、経験年数という物差しだけで判断することができないからだ。おおまかにいえば、保育の理念、保育内容、保育の環境(職員の集団・諸権利と労働条件・保護者との関係・園舎および環境)など、総合的な物差しで、検討すべきことではないか。

若いフレッシュな保育者たちが、子どもと新鮮な保育を創りだしている都心の私立保育園がある。また、経験年数の長いベテランの保育者たちが、保護者との関係づくりはもちろん、地域づくりに関心を広げ保育をしている、地方の公立保育園がある。

公立保育園の民営化問題においては、「公立か、私立か」という、両者を天秤にかけるような発想はやめにしたい。それぞれの独自性はあるが、「公立も、私立も」専門職としての役割を高め、力を尽くしてほしいからである。

幼児期から格差社会の渦中に——保育・子育てと貧困問題

東京都内の保育園長から、最近聞いた話を紹介しておきたい。

A保育園では、保育料負担の厳しさを訴える保護者が少なくないという。園児のB(二歳児)の家族構成は、Bと父親、母親の三人暮らしである。パート勤務の母親は、毎朝五時前に起床し、ゴルフ場へ車を飛ばし二時間近く働く。早朝の仕事の場合、時間給が高いので、働くことにしているという。母親は戻ってすぐに、父親と子どもを起こして、朝食をすませ、Bを保育園に送っていく。母親は続いて、スーパーのパート勤務へと向かう。父親は、自動車修理工場の社員だが、不況でボーナスが出なくなってしまった。早い帰宅をして、そのままコンビニで夜一〇時ころまで働く日々だという。それでやっと、毎月の家賃、保育料を払えているのだという話であった。

Cさん(元公立保育園長)は、今は社会福祉協議会の嘱託として仕事をしている。Cさんからは、園児や学童たちの中には、休み中の、食事をとることさえできない現実があることを聞いた。五~六年前のことになるが、年越し派遣村のことが大きく報道された。仕事のない、住まいもない人たちへ、労働組合やボランティアにより食事の提供がおこなわれた。厳しい寒さの中、食事もできず健康も悪化していた人も少なくない。医師による診察、弁護士や労働組合による生活相談や労働相談がおこなわれ、マスコミでも大きく取り上げられた。もちろん、この件も、いまだに解決が先送りされている面がある。

Cさんは、この出来事から考えて、社会福祉協議会の予算で、夏休みに食事の提供サービスをした。その際、食事を提供する列に、園児や学童が並んでいたというのである。休み中のことでもあり、その園児や子どもが、ほとんど食事をしていないという衝撃的事実に直面したという。

最近も、幼い子どもが放置されていて、餓死寸前に保護された事例も明らかにされている。親が子どもを自宅に残したまま、いなくなってしまったり、九州地方では、「モーテルで、母親が二歳と一歳のきょうだいを置き去りにして姿を消して、従業員が一一〇番通報して保護されたケース」なども報道された（二〇一四年六月二七日『読売新聞』）。

こうした事例にみるように、子どもを育てる若い世代の経済状態がかなり厳しい。特に「女性の貧困問題」の深刻さが指摘されている。阿部彩氏の著書『子どもの貧困――日本の不公平を考える』によれば、日本の貧困率は、一九八〇年代以降、上がり続けているという。相対的貧困率（国民一人あたりの可処分所得の中央値の半分）が一六％、つまり六人に一人が貧困状態にあるという。さらに母子世帯のうち四八・二％、一人暮らしの高齢世帯のうち四六・六％も含めて、日本の女性の貧困率は、突出しているのだという。

次に、正反対の事例も聞いた。学童保育に関することである。

保育園を卒園後、放課後の子どもたちの生活をどうするかは、子どもと親にとって、大きな問題である。低学年の場合、帰宅後の子どもの生活をどうしたらよいか。場合によっては、親が仕事を離れなければならないこともある。現在、自治体や民間法人などが、学童保育をすすめてきている。

最近、民間企業が学童保育を実施しているケースも増えてきている。学童保育の内容としては、基本的なこと（つまり宿題に取り組ませる、食事やおやつを与えることなど）はおこない、その他に、オプション契約として、語学教室やスポーツ教室までそろっている学童クラブがある。学校、学童クラブ、自宅の間を、基本的に送迎付きで面倒を見てくれる。たとえ母親が遅く帰宅しても、子どもの翌日の用意まですべてチェックしてくれて、マンションの入り口で母親を待ち、直接子どもを送り届けてくれる、行き届いたサービスがあるという。この場合、月額の利用料金は、九〜一〇万円程度と高額であった。

乳幼児が、その日の食事にも事欠く深刻な事例がある。両親の生活上の厳しさから、子どもが飢えて生命の危険にさらされている現実がある。その反面、子どもへの高額な学童保育サービスまで登場している。おとな社会の経済格差が、そのまま子どもたちの世界にまで、押し寄せている。

保育園からみえる、子どもの貧困や親の経済状態など、地域社会の深刻な現実がある。一刻も早い解決を求めたい。子どもたちを救済するのは、私たちおとなの責任であることをかみしめたいと思う。

第2章

実際の姿を見つめる

地方の保育園でのさまざまな話

地方のある保育園での話である。おばあちゃんは、いつも二人の孫を連れて保育園へやってくる。両親は会社勤務で忙しいため、おばあちゃんが農作業をしながら、保育園への送迎を受け持っている。ご自身の息子さんが幼い時から、保育園に預けてきたわけで、息子も孫も園とは長いつきあいということになる。

「畑が忙しくなると、うちで子守してばかりもいられないので畑に連れて行く。でも、畑においておくと、泣いて仕方がなかった。だけど、ここに預けることができて助かった。友だちともよく遊ぶようになったし、絵本もたくさん読んでもらって、とてもおりこうになった。けんかもするけど、体つきも立派になった。だから園長先生、本当にこの幼稚園に入れてよかったんですよ。幼稚園はやっぱり大事だ……」

息子さんの時から、すでに四〇年間近くも保育園とかかわりがあるが、このおばあちゃんは、子どもがたのしく遊べるところなら、保育園であっても幼稚園であっても同じだと、受けとめている。

地方の場合、農繁期の田植え保育が保育園のはじまりであった例が少なくない。前述のおばあちゃんの子ども時代も、近くの町村部はみなそうであったという。おとなたちが田植え作業に忙しくなると、乳幼児たちは、やはり足手まといとなる。田植えの間だけ、保育をしてくれたのである。初めの頃、保育を担ったのは、一〇代のおねえさんであったり、地域のおとなたちによる手分けをしながらの保育であったりしたようだ。やがて、この仕事を引き受ける善意の人たちの輪が広がった。農協、お寺、教会などである。そうした基盤があり、徐々に市町村立の保育園が増えてきたという歴史がある。

農繁期の季節的保育所は、現在でも数は少ないが残っている。交通の不便な山間地域、離島などでは、僻地保育所もある。そういうところでは定員が二〇人以下など小規模で保育がおこなわれている。

約二〇年前のことだが、三歳未満児（〇歳・一歳・二歳児）の保育について、こんな経験をした。わが子（三歳未満児）を保育園に預けて働きたい、という母親がいて仲間同士で話し合いがおこなわれた。町の公立保育園では、三歳以上からしか受け入れていない。そこで、行政へ陳情を出そうということになった。しかしながら、まずは家庭内の壁が厚くて容易にはすすまない。

「そんな小さい子を他人に預けるのは、かわいそうではないか。母親の身勝手だ」「三歳までは親の元で育てるのがいいというではないか。そんな運動にかかわってもらっては困る。少しは家の立場も考えてもらわないと……」などと言われ、母親たちはつらい状況におかれたまま、途方に暮れることもあった。

母親の毎日は、とても厳しいものがある。たとえば、ある母親は、〇歳児と二歳児の世話をしながら、病弱の祖父母の介護を担っている。乳児を背負いながら、祖父母の通院のために車の運転をする、家の掃除に、買い物にと用事をこなしているうちに一日が終わってしまう。どちらか一人でも、保育園に預けることができたら、少し体が楽になるのに……。別の母親は、〇歳と二歳の二人の子を育てながら、スーパーマーケットを切り盛りする立場で働いている。乳児を背負ったまま、一日中、店の仕事である。夫はもちろん、祖母も含めて一家総出で動かなければ間に合わない。家には、病弱な祖父もいる。こんなとき、せめて二歳児だけでも預かってもらえたらという、思いばかりが募った。野菜生産を主とする地域では、農繁期には、全員で働きに出なければならず、幼な子を暗いうちから車に寝かせたまま出かけることが、あたりまえになっている家族もあった。

こんな切羽つまった状況から、母親同士が話し合いを重ね、三歳未満児の保育を実現させる取り組みを粘り強くすすめてきた。しかし、なかなか解決の方向性は見えてこない。

いっぽう、子どもたちの成長は待ってはくれず、三歳未満児を預ける無認可の施設を自分たちで始めることにした。そこで預かり合いながら、運動をすすめた。二〇年近くかかって公立保育園で三歳未満児の保育が実現したのである。

「教育をのぞむなら、幼稚園へ行ってください」

保育の内容をめぐって、さまざまな考え方がある。そして、しばしば混乱もある。

ある町の役所へ、母親たちから保育内容の改善をのぞむ声があがり、意見を文書で出すことにした。「ここの保育園では、どうして英語や漢字ドリルをやらないのですか？　時代に合った取り組みを考えてほしい」などの声であった。それに対して町長さんは「保育園は、生活援助の機能が主であり、教育をするところではありません。もし、それを希望するのならば、A町、B市へ転出すれば、願いがかなうかもしれません。幼稚園がありますから……」と答えたのであった。ところが、母親たちがB市の園へ見学に行ってみると、そこでは、子どもたちがドリルをするのではなく大自然の中で、力いっぱい遊んでいてびっくりしたという。

また別の自治体の話だが、定員二〇〇名程度の私立保育園がある。この園では、子どもたちに幅広い経験をさせていきたいと考えている。毎日の保育において、外部の講師を積極的に招いて、午前中の一定時間、さまざまなプログラムに基づく保育がおこなわれている。英語、幼児体育、漢字学習、わらべうた、なども取り入れているとのことである。このように表現すると、この園は早期教育の方針、と考えてしまいがちだが、そう単純ではない。子どもが、どのようなプログラムにチャレンジしていくのか、それを大事にしているとの説明であった。

九〇人定員のある公立幼稚園では、子どもたちの遊びを、何よりも重視している。幼稚園への登園後、保育室や庭で、それぞれが自由に遊んでいる。そのまま、活動が盛り上がり、昼まで時間がすぎていくこともある。クラス単位の保育がおこなわれていくこともあるが、子どもたちが遊びの中で、やりたいことを見つけていくことを大切にしている。保育者たちは、子どものもつ力をどのように引き出していけるのか、保育の計画と実践の振り返りに時間をかけた討議を重ね、実践をつみあげている。

保育園や幼稚園には、さまざまな特色をもつ保育内容があることがわかる。わが子を、どこでどのように育てたいか、保護者の側に立って考えてみても、保育園や幼稚園のあり方は、多様性に富んでいる。

ここで、保育園と幼稚園の現状をつかむために、制度的なことも含めて、整理しておこう。

現状を理解するために

乳幼児期(〇歳から就学まで)の子どもたちが過ごす施設は、保育園と幼稚園が一般的である。保育園は児童福祉法においては保育所と表現されている。法律の用語としては保育所だが、実際には〇〇保育園とか、〇〇保育所と呼ばれている。幼稚園は、学校教育法という法律で幼稚園とされている。

この他にも、さまざまな施設があるが、いちばん数の多い保育園と幼稚園について、現状を見ておきたい。来年度(二〇一五年度)からの新制度(第4章参照)により、いずれも変化する可能性が大きいが、現状を知っておく必要がある。

保育園の全体像を考える

保育園には、大きく分けて、毎日預かる保育園と、臨時的あるいは一時的に預かる保育サービスとがある。毎日預かる保育園の中には、認可保育園と認可外保育園(無認可保育園)とがある(表2-1)。

表 2-1　毎日預かる保育園

認可保育園	認可外保育園
公立　市区町村立の保育園．保育者は公務員．運営を民間事業者に委託している公設民営の保育園もある．	**自治体の助成施設**　東京都の認証型保育所，横浜市の横浜保育室など名称はさまざま．自治体が運営費の助成をしている．
私立(民間)　非営利法人として社会福祉法人，宗教法人，株式会社立，NPO 法人立などの保育園がある．	**事業所内の保育所**　会社，病院などが従業員のために設けている保育施設．
	その他託児施設　公的な助成は受けていない．さまざまな内容がある．
認定こども園　2006 年にスタート．就学前の子どもに対する教育及び保育を提供する．地域の子育て支援をすすめる機能もある． 大きく分けて，幼保連携型，幼稚園型，保育所型，地方裁量型の 4 種類の認定こども園がある．2014 年 4 月現在，1359 施設がある．(公立 252，私立 1107)	**幼稚園での預かり保育**　在園している園児を日常の保育が終了したあと夕方まで預かる．園により預かる時間は異なるが，全国で 81.4% の園が預かり保育を実施している．公立幼稚園 59.7%，私立幼稚園 94.2%(文部科学省「平成 24 年度幼児教育実態調査」)．
保育ママ　家庭福祉員，昼間里親などと名称はさまざまだが，市町村の補助があり，子どもを家庭で預かる制度で，研修会も実施している．	

表 2-1，表 2-2 とも普光院亜紀『変わる保育園――量から質の時代へ』，「保育を選ぶときの基準は何か」『チャイルドヘルス』などを参考にして作成．

認可保育園は、厚生労働省の管轄のもとに運営されている。子ども一人あたりにかかる費用のことを運営費といって、その財源は、保護者の負担する保育料、国・都道府県、市町村からの運営費であり、その合計費用で運営されている。公立と私立の保育園がある。

認可外保育園は、国・都道府県の認可を受けずに、運営がおこなわれている。自治体の助成を受けているもの、事業所内の保育園、その他の託児施設がある。

また、就労状況の変化に伴い、幼稚園での「預かり保育」がおこなわれるようになった。そして、幼稚園と保育園・所の一体化施設として、二〇〇六年からは認定こども園がスタートした。保育者が自宅などで保育をおこなう保育ママも、制度化されて市町村から補助が出されている。

臨時的、あるいは一時的に預かる保育サービスには、一時保育、病児保育、病後児保育、ベビーシッター、ファミリーサポートセンターなどがある。近年、子ども家庭支援センターが各地につくられている。子育ての相談や児童虐待相談にも対応している。その他にも、民間事業者による保育をサポートする体制が広がってきている(表2-2)。

表2-2　臨時的あるいは一時的に預かる保育サービス

一時保育　保護者の就労が，週に数日間など変則的である場合，1日のうち短時間勤務する場合，病気，緊急性のある場合などに，一時的保育がおこなわれている．親が育児不安をかかえ保育することができない場合などのケースにも対応している．

病児保育，病後児保育　子どもの病気及び回復後に預かる施設で，認可保育園や小児科に設けられた保育室で預かる保育がおこなわれている．病児保育は，一部だが実施されている．

ベビーシッター　家庭まで来て，時間制で保育をしてくれるサービス．ベビーシッター派遣会社が運営しているところが多い．

ファミリーサポートセンター　「預けたい人」「預かれる人」を登録して，必要に応じて斡旋する．市町村が窓口になっている．

保育ママ，子育て支援センター　市町村立の他に，民間の保育ママ，子育て支援センターが数多くできている．

子ども家庭支援センター　親子で遊ぶスペース，各種の講習会や気軽に相談できるコーナーもある．虐待への相談，対応もしている．

幼稚園の全体像を考える

幼稚園にも、公立幼稚園と私立幼稚園とがある。

公立幼稚園では、子どもの遊びを重視しており、規模の小さな園が比較的多い。保育の内容については、園ごとに、教育課程をもとに検討し実践を重ねている。保育者の年齢構成は幅が広く、経験年数は高い。給食を実施しているところもあるが、お弁当を持参させる園が多い。

私立幼稚園では、子どもの遊びを重視する園があるいっぽう、公立幼稚園とは違い、園としての特徴を出して活動しているところがある。小規模な園もあるが、定員が二〇〇名を超える大きな園もある。保育者の年齢構成はさまざまだが、公立幼稚園よりは、経験年数が低い面がある。私立幼稚園、私立保育園における特徴的な活動の例としては、英語、体操、スイミング、漢字、はだし・はだか保育、自然体験などがある。また、宗教的精神を基本とする幼稚園・保育園も少なくない。キリスト教、仏教、神道などの宗教の考え方を基に保育をおこなっている。

「自由遊び」と「一斉活動」

園での日常を見てみよう。「自由遊び」と「一斉活動」などについては、保育園、幼稚園でも共通する内容なので、具体的にふれておく。

保育園や幼稚園における保育は、さまざまであり、一般的に保育園は○○のような内容で、幼稚園は××をする傾向がある、とはいえない。

また、「自由遊び」という表現から「自由遊びを大事にしている」こと＝「子どもを常に放任している」と、とらえてしまいがちである。しかし、必ずしも、そうではない。

ある園では、朝、登園してから、室内や園庭において自分の遊びに、集中できるようにしている。そのまま、ときには昼近くまで遊んでいることもある。それは、保育者が、子どもが自ら主体的に遊びにかかわれるように、環境を用意している、ということである。

主体的に遊ぶ環境を用意するとは、どのようなことだろうか。たとえば、自由に外で何かをつくることができるとしよう。園庭の隅の棚に、そのための材料(たとえば、砂場の道具、なわとびなど)がたくさん置いてある。子どもは、自分なりに好きな道具と材料を選んで、工夫して時間を忘れるほど取り組む。しかし、そうかといって、こうした園が、午前中の「一斉活動」をしないわけではない。「一斉活動」とは、たとえば音楽に合わせて体を動かすとか、午前中の一定時間に全員で活動をおこなうことだ。この「一斉活動」で取り組んだことを、「自由遊び」に継続している場合もある。

また、子どもたちの「自由遊び」の様子を、保育者たちがよくつかんでいて、そこでの子どもの姿を、次の「一斉活動」の保育へ活かしていくことも多い。子どもが、「自由遊び」の中で、何を発見し、どのようなことに夢中になっているのかなどを保育者がつかみ、次の活動につなげていくのである。つまり、「自由遊び」と「一斉活動」をよく関連させながら、保育をすすめていくことになる。

園のキャッチフレーズで、「自由遊び」を大事にし「子どもの自由を尊重している」「いつも、泥んこ遊びをしている」などと示されているところも少なくない。その場合、子どもが自分からすすんで遊べる環境がどのように用意されているのか、あるいは、園としての「自由遊び」

についての考え方をよく知る必要がある。

「一斉活動」がおこなわれている場合、園の行事の占めるウェイトが大きくなることがある。行事として、たとえば運動会、作品展、生活発表会、誕生会などがおこなわれる。子どもが園の行事に、どうかかわるかが課題になる。行事への練習が毎日繰り返されると「まだ、遊んじゃあいけないの？」「ちゃんとやらないと、せんせいにおこられる」などの声が聞こえてくることもある。そんな時は、保育者も行事に追われ、子どもの気持ちをつかめなくなっている。

作品展に取り組むケースを考えてみよう。一つの作品を完成させていくまでの過程《プロセス》に重きを置く園がある。五歳児クラスならば、グループで共同制作にかかわっていくこともできる。そのいっぽう、保護者に見せることに保育の主眼が置かれると、出来栄えを追求することになってしまう。

このように考えてみると、「自由遊び」と「一斉活動」は、その良し悪しを単純に比較できることでもない。

園の保育内容を理解するために、入園前の保護者には、園を十分見学する機会をもってほしい。また、在園している保護者のために参観日や保育参加という方法をとっている園も多いので、活用されるとよい。

ここで、保育園や幼稚園の保育の内容が、制度においてどのように位置づけられているかを、整理しておく。

保育園の保育の内容は、厚生労働省が示す「保育所保育指針」に基づき、すすめられていく。保育課程という園の理念、方針、目標などを示した文書がある。ここには、保育園としての基本的考え方が書かれている。つまり、どのような保育の実践をしているか、園の考え方が説明されている文書である。この保育課程を基礎にして、保育者たちが、保育計画を立案しながら、毎日の保育をすすめているのである。

幼稚園では、文部科学省が示す「幼稚園教育要領」に基づき、保育がすすめられていく。教育課程という園の理念、方針、目標などを示した文書がある。ここには、幼稚園としての基本的考え方が書かれている。つまり、どのような保育の実践をしているか、園の考え方が説明されている文書である。この教育課程を基礎にして、保育者たちが、保育計画を立案しながら、毎日の保育をすすめているのである。

いずれも園の基本的理念が示されているので関心をもつ必要がある。

「早期教育」や「習い事」について

保育園、幼稚園を問わず、英語、漢字教育などのいわゆる「早期教育」や知的教育を積極的に取り入れている園がある。保護者の立場からみて、現代の社会において、わが子がどのように生きていくのかを、真剣に考えるのは当然である。そして、少しでも、子どもの将来に役立つような幼児期を過ごさせたいと思い、「早期教育」に力を入れている園へ入園させたいと、考えるのであろう。

また、「早期教育」ではなく「習い事」と表現したときに、それがバラエティーに富んでいることがわかる。ここでは、幼児が家庭において、どのような「習い事」をしているかを見ていく。ベネッセ次世代育成研究所「幼児の生活アンケート　東アジア五都市調査二〇一〇」によると、東京の幼児(このアンケートでは就学前の三歳から六歳)は、五九・八%が何らかの習い事をしていることが示されている。習い事の内容については、スイミング(二〇・八%)、月一回程度定期的に教材が送られてくる通信教育(二〇・二%)、体操教室(一三・九%)、英会話などの語学の教室(一一・五%)が上位を占めている。この調査は、幼児(三歳〜六歳まで)の生活全般にわたった総合的調査であり、東京、ソウル、北京、上海、台北の地域において実施された。習い事の部分にかぎって紹介すると、幼児の習い事をしている割合として、何らかの習い事をしているのは、東京五九・八％、ソウル六八・三％、北京七八・二％、上海七四・四％、台北五六・六％となっている。東京はスポーツ系と学習系が多い。ソウル、北京は学習系と芸術系、台北は芸術系が多い。

保育園や幼稚園で、さまざまな保育実践がおこなわれているが、幼児期の家庭における「習い事」に関する一つの動向を知ることができる。

ところで、二〇一一年度より、小学校高学年に「外国語（英語）活動」が導入された。小学校における外国語活動として、次のような目標が掲げられている。

「外国語を通じて、言語や文化について体験的に理解を深め、積極的にコミュニケーションを図ろうとする態度の育成を図り、外国語の音声や基本的な表現に慣れ親しませながら、コミュニケーション能力の素地を養う」（学習指導要領）

これについて、英語教育が専門の瀧口優白梅学園短期大学教授は、幼児教育へも影響が出ていると、以下のような見解を示している。

「都内で見ても、急速に英語を取り入れた園が増えている。保護者の期待も強いようだ。しかし、早くから取り組むことで英語ができるようになるという思い込みがある」「早くから取り組むことで英語嫌いになる可能性がある」「専門的に英語を教える訓練をしていない担任が教える場合には、その可能性がより高くなる」（『実践につなぐことばと保育』）さまざまな特色や実践があるが、「早期教育」や「習い事」については、よく考えながら判断することを願いたい（第５章参照）。

保育園・幼稚園の設置状況と変化

ここで、保育園や幼稚園がどのように存在しているかを考えてみたい。

グラフは、全国の保育園・幼稚園の設置状況である。全体として、保育園や幼稚園がともに設置されている市町村は二〇一二年で七八・八％であるが、保育園のみの市町村が一八・一％ある（図２―１）。

また、都道府県別の幼児教育の普及状況（五歳児）を見ると、幼稚園が多く保育園が少ない、あるいはその逆のところと、さまざまである（図２―２）。

さらに、子どもたちの生活する市町村によっては、保育園だけしかない、あるいは幼稚園しかないという地域がある一方、それぞれが比較的バランスよくある地域もある。また、グラフには表れないが、こども園、幼児園などもある。園や施設の運営を担っている設置主体という点で見ると、公立や私立、社会福祉法人、学校法人などがあり、多様性がある。今後、株式会

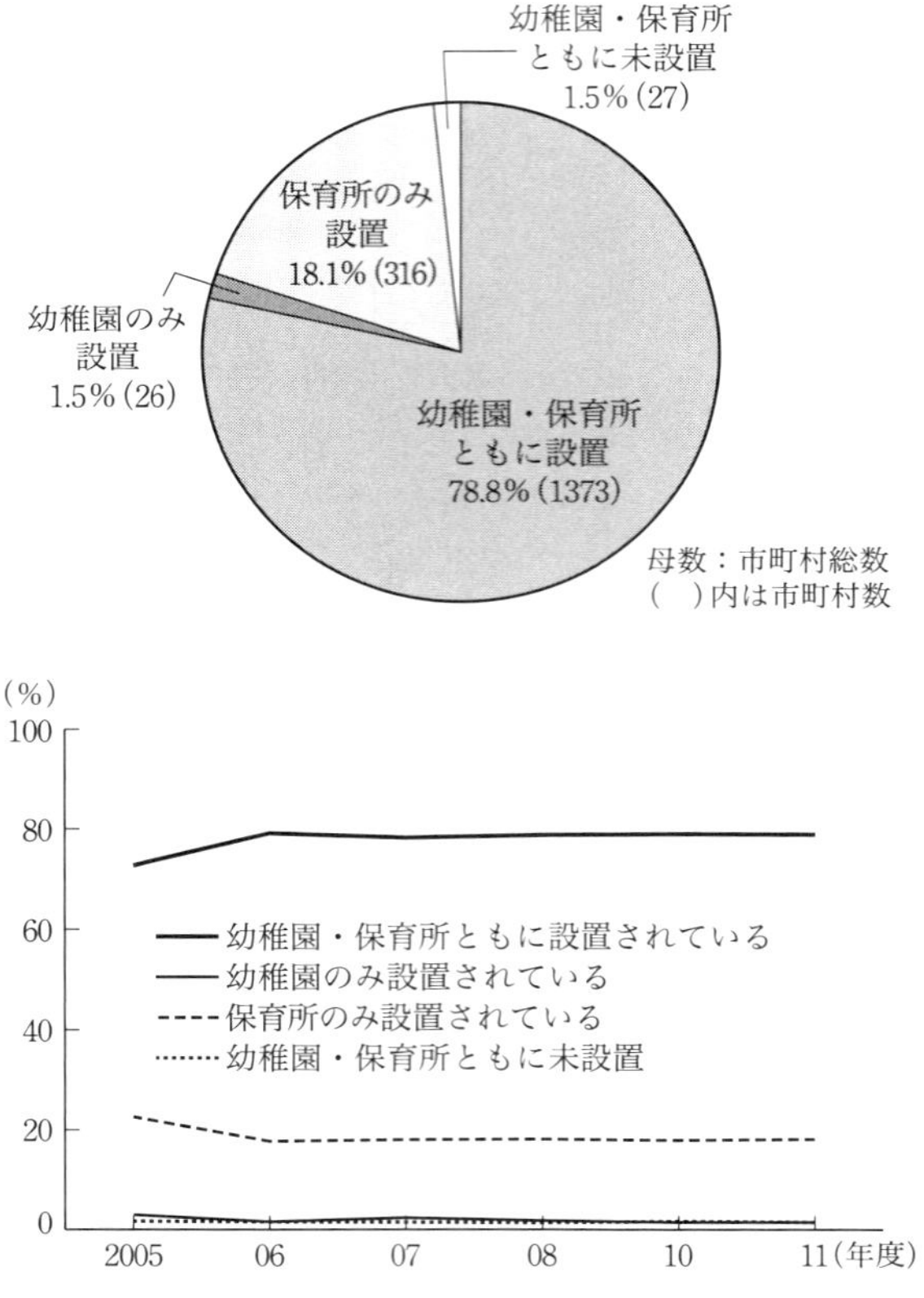

図 2-1　市町村における幼稚園・保育所の設置状況とその推移
文部科学省「幼児教育実態調査」2013 年 3 月より

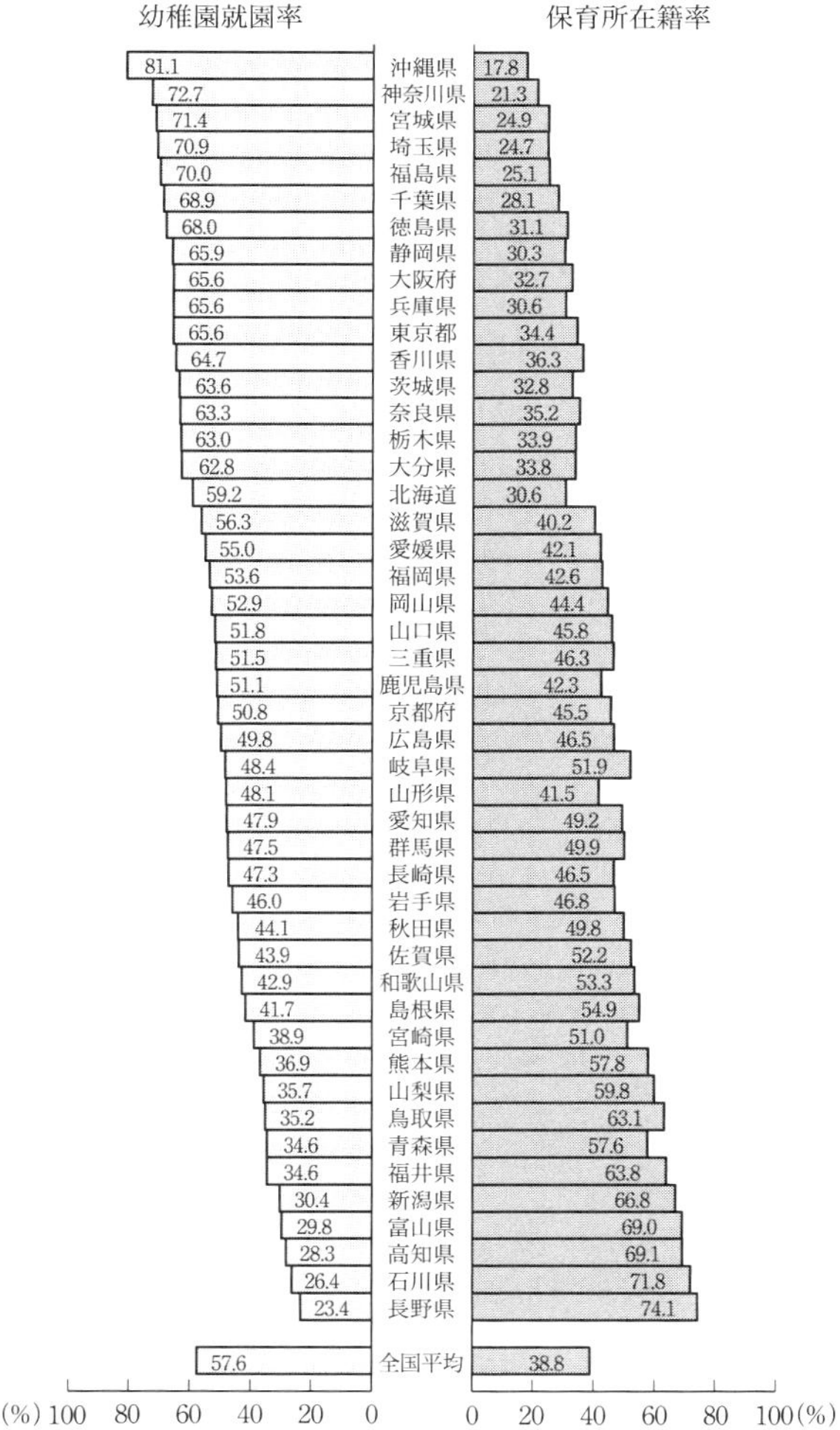
幼稚園就園率
保育所在籍率
81.1 沖縄県 17.8
72.7 神奈川県 21.3
71.4 宮城県 24.9
70.9 埼玉県 24.7
70.0 福島県 25.1
68.9 千葉県 28.1
68.0 徳島県 31.1
65.9 静岡県 30.3
65.6 大阪府 32.7
65.6 兵庫県 30.6
65.6 東京都 34.4
64.7 香川県 36.3
63.6 茨城県 32.8
63.3 奈良県 35.2
63.0 栃木県 33.9
62.8 大分県 33.8
59.2 北海道 30.6
56.3 滋賀県 40.2
55.0 愛媛県 42.1
53.6 福岡県 42.6
52.9 岡山県 44.4
51.8 山口県 45.8
51.5 三重県 46.3
51.1 鹿児島県 42.3
50.8 京都府 45.5
49.8 広島県 46.5
48.4 岐阜県 51.9
48.1 山形県 41.5
47.9 愛知県 49.2
47.5 群馬県 49.9
47.3 長崎県 46.5
46.0 岩手県 46.8
44.1 秋田県 49.8
43.9 佐賀県 52.2
42.9 和歌山県 53.3
41.7 島根県 54.9
38.9 宮崎県 51.0
36.9 熊本県 57.8
35.7 山梨県 59.8
35.2 鳥取県 63.1
34.6 青森県 57.6
34.6 福井県 63.8
30.4 新潟県 66.8
29.8 富山県 69.0
28.3 高知県 69.1
26.4 石川県 71.8
23.4 長野県 74.1
57.6 全国平均 38.8
(%) 100 80 60 40 20 0
0 20 40 60 80 100(%)

図 2-2　都道府県別幼児教育の普及状況(5 歳児)

全国保育団体連絡会・保育研究所『保育白書 2014 年』より

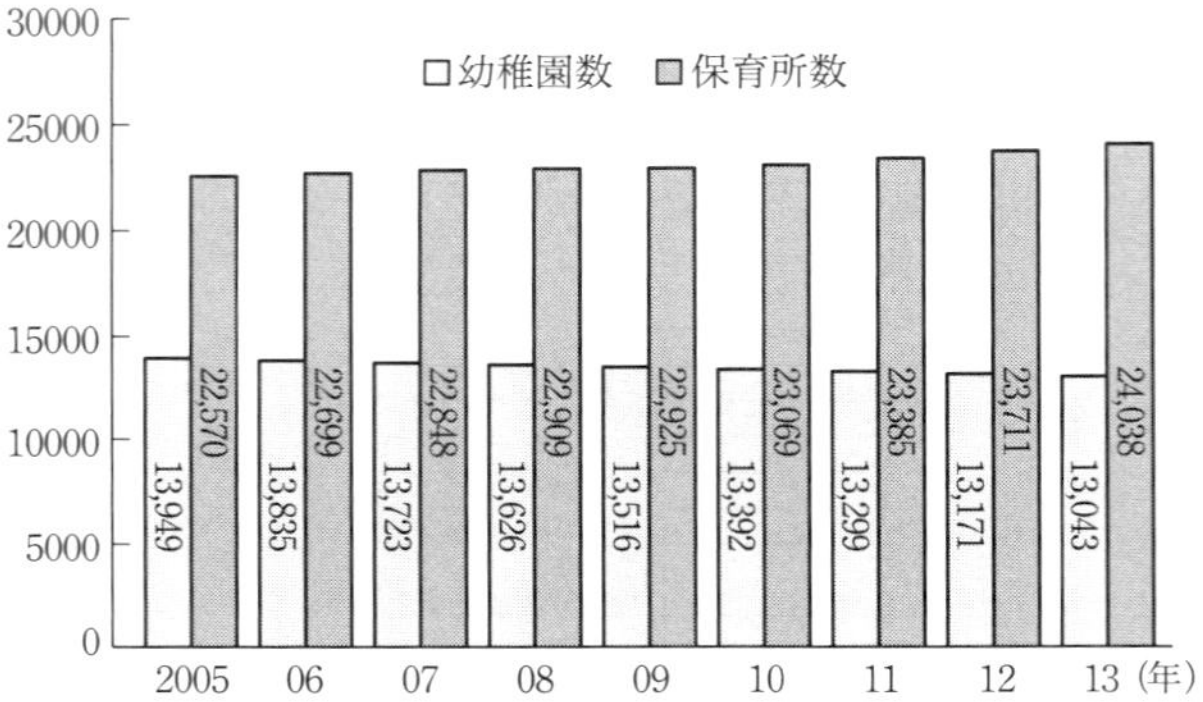

図 2-3　幼稚園と保育所数推移
内閣府『子ども若者白書』(2014 年)より

社などの設置主体が増えていく可能性が大きい。

日本の場合、保育園や幼稚園の存在は、それぞれに歴史があって、時代によって変化してきたのである。最近の保育園数・幼稚園数はどのように変化してきたのだろうか。

保育園は、一九六〇年代から急速に増加し、約二〇年の間に二倍程度の伸びを示している。そして、ここ最近で見た場合には、二万二五七〇か所（二〇〇五年）から二万四〇三八か所（二〇一三年）へと増えてきた。

幼稚園は、一九七〇〜八〇年代までは、保育園と同様に増えてきた。しかし、一九八〇（昭和五五）年頃をピークにして、減少傾向に入ってきた。ここ最近で見た場合には、一万三九四九か所（二〇〇五年）から一万三〇四三（二〇一三年）へと減少してきている（図2−3）。

子どもの権利条約の制定と乳幼児期の保育

保育や幼児教育のあり方を考えるとき、子どもの権利条約における、子どもにとっての最善の利益の保障について、深く理解することが求められている。

一九八九(平成元)年、国連で「児童の権利に関する条約」(子どもの権利条約)が制定された。日本は一九九四年になってから批准した。子どもの権利条約の内容を特徴的に表す出来事として、よく報道されたのは、各地の自治体で開催された「子ども議会」などの様子である。中学生・高校生などが、「一日議員」となり、市長に対して質問や提案をし、市の諸施策に子どもの声を盛り込むことなどが検討された。つまり、子どもは、自らの意見を表明する権利をもっていること、おとなは子どもの声に耳を傾ける責任がある、ということを示したものである。

ところで、子どもの権利条約では、「児童とは、一八歳未満のすべての者をいう」(第一条子どもの定義)とあり、就学前の乳幼児も含まれることになる。しかし、三～四歳の幼児の場合、自分の考えをまとめて文字を使って書くことや、ことばで話すことができるだろうか。また、生後一年にも満たない乳児の場合はどうだろうか。さらに、ハンディのある子(視覚や聴覚に障害のある子)の意見表明はどう考えればよいのだろう。

ここで、私が保育園や幼稚園で出会ってきた子どものことを紹介してみよう。

四歳のAくんに弟が生まれた。その時のことばである。「ぼくにきいてね、じぶんでなまえきめるから」という。Aくんは、弟が生まれてから家族でどのような名前を決めるかを相談している場面で、ぼくが生まれるときは、自分の名前を「じぶんできめる」からといった。

二歳になって間もないBさん(女児)は、まだことばで自分の気持ちを伝えたりすることも多くない。ある日、お月様を指さして、教えてくれたことがある。おばあちゃんと保育園へやってきて、庭に出ていたところ、近づいてきて何か言いたげである。こちらの目を見ながら、視線を引き付けておいて、庭の端まで行き、指で空を指し示したのである。この間、Bさんとは、一言も音声としてのことばを交わさなかった。ことばを発しないからといって、伝えたい内容がないわけではない。

幼稚園に五歳から入園してきたのは、Cくんである。Cくんは、ダウン症である。彼には、身の回りの状況が「とてもよくわかっているな」、と感心することが多くあった。ある日、園に親子連れが訪ねてきたことがあった。次年度の入園を考えていて、見学をしたいということであった。誰からも頼まれたわけではないのに、Cくんは、見学にきた親子の方へいき、子どもの手を引いて、園内を案内したのである。Cくんは、音声としてのことばを、誰にでもわかるように話すことはできない。しかし、見学に来たという状況の把握はよくできていた。

三人の幼児たちを紹介したが、子どもたちは、自分の考えや意志、願いをたしかに持ち日々を過ごしている。こうした乳幼児たちの願いや姿に共感できるおとなたちが増えていけば、大きな心配はいらない。乳幼児たちは、自分の思いや願いをもって、育っていく存在であるといえるだろう。

一九九四年に、日本が子どもの権利条約を批准するとき、いちばん議論になったのがこの「子どもの意見表明権」であった。「子どもは未熟であり、正当な意見を表明することなどは難しく、自由に意見を述べさせれば収拾がつかなくなる」、などという声があった。日本では、子どもの意見表明権についておとなの側の抵抗が強い。国連で条約が制定されてから、日本が批准するまでに、五年間もの時間を費やした背景には、こうした事情が考えられる。

自治体によっては、子どもの意見表明権の課題をイベントで終わらせるのではなく、子どもの権利を条例化する取り組みも生まれてきた。真に子どもの声を聴くという姿勢が、おとなの側にあるのかどうか、検証を続けていくべき課題だといえるだろう。

二〇〇五年になって、国連の子どもの権利委員会は、新たな勧告を提示した(「「乳幼児期における子どもの権利の実施」に関する一般的注釈第七号」)。

子どもの権利条約では、就学する前の子ども、つまり乳幼児期の子どもの権利については、必ずしも明確になっていなかったので、条約の補完的役割をもつ内容として、この勧告がおこなわれたのである。それによると、乳幼児の権利として、生命、生存および発達に関する権利、差別を受けない権利、子どもの最善の利益、乳幼児の意見と感情の尊重などをあげている。すなわち、子どもは、生まれた時から自分の思いや意見、感情などを表明する権利がある。おとなは、その表明された意見を「子どもの年齢と成熟に応じて適切に考慮」しなければならない。私たちには、乳幼児の泣き声や笑い、さまざまな表情、思いをくみ取る姿勢と努力が求められている。

子どもの権利条約の理念として、一八歳未満のすべての子どもに対して、どのようなハンディがあろうが、人間としての権利をもつ存在として認められるようになってきたのである。

子どもの最善の利益とは

「子どもの最善の利益」ということが、保育の分野の文書などで表現されるようになってきた。子どもの最善の利益とは、どのようなことを意味するのか。子どもの権利条約第三条には、子どもの最善の利益として、以下のことが記述されている。

1．子どもにかかわるすべての活動において、その活動が公的もしくは私的な社会福祉機関、裁判所、行政機関または立法機関によってなされたかどうかにかかわらず、子どもの最善の利益が第一次的に考慮される。

2．締約国は、親、法定保護者または子どもに法的な責任を負う他の者の権利および義務を考慮しつつ、子どもに対してその福祉に必要な保護及びケアを確保することを約束し、この目的のために、あらゆる適当な立法上および行政上の措置をとる。

3．締約国は、子どものケアまたは保護に責任を負う機関、サービスおよび施設が、とくに安全および健康の領域、職員の数および適格性、ならびに職員の適正な監督について、権限ある機関により設定された基準に従うことを確保する（国際教育法研究会訳）。

（近藤・瀧口ほか『実践につなぐことばと保育』）

「子どもの最善の利益」というと、子どものわがままが認められると考える人もいるかもしれないが、「子どもにかかわるすべての活動」が子どもの発達にふさわしい内容と方法でおこなわれるということを意味する。おとなの都合や考え方ではなく、文字通り子どもの最善の利益をめざすということである。

「子どもの最善の利益」の英訳は、「the best interests of the child」である。利益は interests と複数形であり、最善の利益の具体的な内容は、「一人ひとり違う」ということに注目したい。

元日本教育学会会長の大田堯《たかし》氏は、以下のような指摘をしている。interests は、利益と訳されたが、inter は「ものともの、こととことの間を意味し、est は to be だから、あいだにあるもの、つまり本来、過程を意味」している。利益というと結果や出来高などと理解しがちだが、「可能性や創造性に富んだ子どもの関心やあるめあてをめざしてその気になって没頭する場合の意味を含んだインタレスト、ということばの意味が排除されるのでは困る」という（『歩きながら考える生命・人間・子育て』）。

保育園でのことを考えてみよう。保育室に冷房設備を導入することができ、子どもの環境が改善され、結果として子どもに利益がもたらされる。この利益は大事なことである。同時に、保育実践の過程こそ見つめたいと大田氏は指摘されたのだと思う。

具体的な保育実践の場面について考えてみたい。ある子が、練習を重ねてようやく竹馬に乗れるようになったとする。その結果は、本人にとっては大きな喜びであり、自信につながることでもある。同時に、保育を進めていくときに大事にしたいのは、竹馬に挑戦して、うまくできなかった経験や、それでもくじけずに練習を続ける努力など、子どもたちが成長・発達していくプロセスを、保育者が見守り励ますことであり、そこに意味があるということである。

このように、子どもの最善の利益を保育の場面で考えるとき、結果としての成果や利益を考えていくとともに、毎日の保育実践のプロセスを、大事にしていきたいということになる。

一九九四年に、日本が子どもの権利条約を批准したということは、その内容を確認し同意しているということを意味する。そして、子どもの最善の利益をめざして、社会は、諸条件の向上に向けて努力する責任がある。

子どもの最善の利益を保障することについて、子どもの権利条約の制定後の、日本の現状はどうなのだろうか。第４章、第５章でみるように、二一世紀を迎えてからの十数年を振り返ってみても、さまざまな課題が山積していると思う。

第3章
保育実践の輝き

子どもたちは毎日、保育園や幼稚園で過ごしている。子どもの保育とは、広い意味で人間としての教育だと言い換えてよいと思う。それは、生まれて間もない乳児期からの人間形成の営みである。

日本列島の北から南まで、人々の暮らしや地域の自然と結びついて保育がおこなわれてきた。保育者たちは、四季の自然や文化的環境を活かした保育実践をすすめている。子どもたちのために、最善の利益保障をめざして力をかたむけている。

それぞれの園の歴史があり、地域の特色がある。子どもの成長・発達の理念を深め、さまざまな保育の実践が生まれてきた。外国の保育や幼児教育の考え方に学び、新しい保育方法を取り入れているところもある。また、創設者の宗教的精神に基盤をおき、歴史を刻んできた園もある。都市や農村を問わず、日本全国のすみずみで、行政や地域住民と共に、公立・私立の園を築いてきた数々のドラマを知ることができる。

とても、ひと括りにはできないが、豊かな地域性や歴史性があることこそが、日本の保育の魅力だといえるだろう。子育てや保育を、先輩たちから受け継ぎ、豊富な実践が蓄積されてきた。どこの場所にも、保育者たちが奮闘する姿がある。

第3章では、私が繰り返し訪ねてきた、いくつかの園の様子を紹介する。

乳児期からこそ真の教育を——社会福祉法人・長野大橋保育園

長野県の農村地域に、三五年の歴史を刻んできた私立長野《ながの》大橋《おおはし》保育園がある。長野駅から南西部へ車で二〇分程度、戦国時代の合戦で名高い川中島《かわなかじま》古戦場跡からさほど遠くはない位置にある。水田と静かな住宅街の中にある一二〇名定員の私立保育園である。

園長の山森綱江先生は、小学校教師を二十数年間務めてきたが、子どもたちの育ちが気になり、このままでは、日本の教育がどうなるのかと危惧をいだき、教員を退職して、みずから保育園をはじめることにした。一九八〇(昭和五五)年のことであった。

保育園をはじめた頃を振り返る、山森先生の気持ちに耳を傾けてみた。

「子どもたちに、ある変化が生まれたことに気がついたんです。それは、〝かぎっこ〟と呼ばれる子の増加に伴い、自立した子もいるが、なんでも他人に依存しようとするような子もあらわれ、両極端になりました」「これは、家庭環境にも課題があるし、小学校以前からの段階で、しっかりと教育をしなければならないと考えて、思い切って、保育園の開園を思いついたんです」という。

最初は、〇歳から三歳未満までの定員三〇人の保育園をはじめた。四か月で定員がいっぱいになった。そのうち保護者から、三歳以上になっても預け続けたいという声が強くなり、三歳以上児を保育する態勢が整備されていった。現在は、二歳から五歳の幼児棟と、〇歳から一歳の乳児保育棟が分けて建設されており、保育がおこなわれている。

乳児期からの人間形成とは、どのような意味をもっているのか。園の運営と実践をいっしょに担ってきた副園長浦野和子先生からも話をうかがい、心をうたれる考え方に出会うことができた。

「今の若者たちの中には、大学を出ていても、人と向かい合ってコミュニケーションすることが苦手な人がいると思います。そして、生活力も落ちてきています。これは、とても残念なことで、このままでは困ります。未来の若者たちを乳児期から教育し直すことが必要ではないでしょうか」「そして、生活経験の狭いまま保育者になった職員自身も、園での仕事を通して、自己教育をしていくことになります」

若者たちを、乳児期から育ててゆくという、スケールの大きな、そして誇りをもった保育者の想いを感じとることができる。仲間たちと力いっぱい遊ぶ、食べる、眠る、という生活のリ

上，下とも長野大橋保育園

ズムを乳児期から形成していくのである。

子どもたちは、四季に応じたさまざまな取り組みをする。園の横にある水田で、毎年田植えをする。収穫の秋には、農家の人たちに教えてもらい、稲刈り、脱穀作業もおこなう。もちろん、お米は給食に登場する。子どもたちがつくった新鮮な野菜も、収穫し味わうのである。この園の実践では、人間形成の土台にあたる乳児期から、自分たちが汗を流し、五感を働かせて学んでいくことにこそ、保育の原点がある、という考え方を貫いてきた。

創設の頃は、〇歳児、一歳児、二歳児の保育(低年齢児の保育)は、十分普及していたわけではなかった。「そんな小さい子を預けてまで働くのは、かわいそうではないか」「三歳までは、母親の手で育てるべき」などの考え方が根強く、保育園は順調にすすんできたわけではなかった。働き続ける親たちを応援しながら、その声に応えてきた歴史でもある。他の園では着手できていない事業(長時間保育・障害児保育・学童保育・休日保育)を、必要であると考え、親を支えて、子ども自身のためならばやっていこうと保育事業をすすめてきたのである。

この積み重ねは、多くの人たちとの深い絆と支えにより築かれてきた。とりわけ、創設者・山森綱江先生と共に、園の土台形成をすすめてきた理事長山森藤雄氏(故人)の信念に注目したい。園舎正面にある創設三〇周年の記念碑に「雨にも負けず(藤雄)、継続は力、念ずれば花開く（綱江）」と刻まれている。

以下、三〇周年の記念誌から、おふたりの想いを引用させていただく。

強いものが弱い者を侵さない
人間の老いは年齢ではなく、夢や希望を失った時から始まる
常に相手の事を考え、自分の事は後まわし
目の前の事に捉われて、先々の事を見失うな
人の悪口を言うな、ものを粗末にするな
命あるもの、動植物を含め大切にすること

（『30年のあゆみ』長野大橋保育園二〇一〇年一一月、山森園長の文章より）

児童の養護と保護者の支援のために――寿福祉センター保育所

寿《ことぶき》福祉センター保育所は、神奈川県横浜市の寿地区にある保育園である。一九六八（昭和四三）年に開園した。

園児数は定員五五名で、内訳は〇歳～一歳で一二名、二歳～五歳で四三名となっている。園

の特徴の一つに、正門が常に開いていることがあげられる。どのような意味があるのだろうか。保護者向けに、園の考え方を説明した文章から引用させていただく。

「初めて入園された方は、当保育所周囲の環境にびっくりされたことだろうと思います。当保育所はこの寿地区で四〇年間保育を続けてきました。当時、〇歳から一五歳までの子どもたちは一二〇〇人いました。居住、衛生環境が劣悪なもとで生活する児童の養護と保護者の生活の援助を目的に設立しました。(中略)社会では、子どもの安全をめぐって大変悲しい事件が続いています。当保育所でも園庭に入る扉を設置するなど一定の対策を講じてきていますが、正門は開放しています。それは、正門を閉じることで図られる安全もありますが、地域の方との関わりや信頼関係によって守られる安全を大切にしていきたいと考えるからです。(後略)」

(「正門の開放についてのご理解とご協力のお願い」保護者宛の保育所長からの文書より)

周囲の人々と挨拶をかわしたり、穏やかな親近感をもって接することで築かれていく信頼関係、それが正門の開放への理解につながっていくという認識である。

保育園のすぐ近くには、「ドヤ」と呼ばれる簡易宿泊所がある。「ドヤ」は、「やど」の倒置的表現だが、「とても人が住める場所ではない」と、自嘲的に言いまわしたのが始まりとされている。一九六〇年代、七〇年代の高度成長期以降、日雇い労働者が生活する地域であり、東京都山谷、大阪府釜ヶ崎などとともに日本の三大ドヤ街といわれている。

寿福祉センター保育所は、園の歴史の中で、身近に仕事を求める労働者の暮らしを目の当りにしながら、乳幼児の保育事業を続けてきた。寿地区の子どもたちが、寝る・食べる・憩うという暮らしの基本的内容が満たされておらず、その保障をめざして保育を積み重ねてきたのである。

私は、保育者をめざす学生たちを連れて、園を繰り返し訪問している。訪問時にいつも感謝することの一つは、園の近隣にいる人たちが、私たちのマイクロバスの駐車スペースを確保しておいてくれることであった。普段から地域社会との人間関係を築いている一つの例だといえる。

もう一つの特徴は、寿地区をはじめ周辺で暮らす外国籍の子どもを、多く保育していることである。ある年の在籍数は、園の定員のうち、中国・韓国・タイ・フィリピン・ロシア・ネパールの外国籍をもつ園児が四一人であった。保護者向けの入園案内も、英語・中国語・韓国語など、数か国語に翻訳され配付されている。どの子どもたちも表情は明るく、力いっぱい遊び、生活している様子である。見学をする学生たちから共通して出される感想は、「おとなが感じている国籍の違いを、子どもは感じていないのではないか」「地域で生活している方と子どもたちのかかわりの親密さが感じられる」などであった。この保育所は子どもたち一人ひとりを通して、異なる文化的環境に触れるチャンスともとらえている。食事や生活習慣の違い、異なることばといった環境を、むしろ積極的に受け入れている。

地域社会の変化にさらされながら、子どもとおとなたちの生活を支える寿福祉センター保育所の確かな存在感を感じる。それを継続してきた力はどこにあるのだろうか。

「保育所の案内」は、児童憲章の文言から始まる。「児童は人として尊ばれる。児童は社会の一員として重んぜられる。児童はよい環境の中で育てられる」。続いて、保育理念と目標を引用させていただく。

保育理念

1　児童憲章、児童福祉法、子どもの権利条約の精神を遵守します。

2　保育を必要とする乳幼児の養護と教育、健全な発達を保障する場として、常に保育の質を高める努力をします。

3　働く親たちが安心して子どもを産み育て預けられる保育所を目指します。
4　地域社会と連携して、すべての子育ての家庭の支援を行います。

保育目標
＊元気いっぱい
＊友達いっぱい
＊感動いっぱい

はなぞの保育園・ときがわ幼稚園——釈迦の教えをよりどころにして

埼玉県ときがわ町にあるはなぞの保育園は、一九五三(昭和二八)年に農繁期季節保育所として、都幾川村(現、ときがわ町)の皎圓寺に生まれた。その後、通年の保育園になり、一九八六年には、隣接地にときがわ幼稚園ができ、幼保一体の保育活動がおこなわれている。はなぞの保育園は、〇歳から五歳児までで、定員は一二〇名、併設の幼稚園は、定員八〇名である。

埼玉県のときがわ町は、都心からは車で一時間程度の場所で、山、川など自然環境に恵まれた地域である。町の面積の七割が山林で、ヤマザクラ、ヒノキなどの「巨木の里」と言われている。都市部に通勤する家庭もあるが、兼業ではあるが木材加工や山や畑の幸を生産する農家もある。

はなぞの保育園、ときがわ幼稚園に共通する基本方針として、「いのちをたいせつにしよう、よき社会の人となろう、正しきを見て絶えず進もう」を掲げている。

園長の柳瀬先生からうかがったお話のなかで、心に残るのは鮭焼パーティーの取り組みのことだ。子どもたちの目の前で、鮭を解体し、それを自分たちでホイル焼きにして食べるという。食べるという営みが生きとし生けるものの犠牲の上に成り立っている、生命をいただいているということに感謝することがねらいだという。


――待ちに待った鮭焼きパーティーの日。「どんなおさかなだろう?」「大きいのかなあ?」と子どもたちは始まる前から楽しみな様子。外に出て待つ子どもたちの前に一匹の鮭が登場すると、「うわー大きい」などの歓声があがりました。そして、魚屋さんがその鮭を持って子どもたちの前を見せて歩くと、みんな、口がぽかんと開きました。鮭が口を開いていたから、つい開いてしまったのでしょうか? 通りすぎると、また口が閉じます。みんな同じように口が開き、とてもかわいらしかったです。さて、いよいよ解体です。目の前で切られる鮭を見て「血が出てる」「いたそう」「かわいそう」の声が……「せっかく生まれてきたのに……」と言うHくんの姿もありました。実は前日から「みんなが食べるためになくなる命もある」というような話をしていました。その時はあまり理解できていないかなあと思いましたが、実際に切られる鮭を見て、子どもたちも感じるものがあったのかもしれませんね。……解体が終わると、お部屋に戻り、今度は自分たちが調理する番です。白菜をみんなでちぎり、切り身と共にアルミホイルで包み、給食室へ……。給食の時間になり、子どもたちは、「おさかなさんありがとう」と言いながら、すべてきれいに食べました。――

（クラスのお便りから引用）

園における子どもの生活においては、「特別な一日よりも、毎日が大切」という考え方をしている。週の初めの礼拝。そして、あそびや自然とのかかわりが常に追求されている。さまざまな年齢に応じながら、リズム運動、歌・手遊び、絵本・紙芝居・お話、絵の具あそびと、幅広く保育がおこなわれていく。豊かな実践の土台は、次のような保育方針に貫かれている。

「誰もがこの世に生を授かった瞬間から、のぞむとのぞまぬとにかかわらず、人生を背負って生きていくことになります。人生という土俵に立っているという点では、大人も子どももありません。皆同じです。どの子も愛されて育ってほしい、どの子も人をいっぱい好きになって育ってほしい。これが私たちの願いです。子どもたちは、愛し愛され、人と絆を結ぶなかから、人間っていいな、人生っていいな、そんな思いを心の奥深く積み重ねていきます。愛と信頼のもと、子どもたち一人ひとりが、自分と向き合い、仲間と向き合い、一人ひとりのがんばりをみんなで認め合い、みんなで励ましあっていく、そんな仲間づくりを目指しています」

保育園は、裏山も、川も、すべてが子どもの遊び場といってよい。すばらしい四季の自然環境を活かすことはもちろんだが、その中にあって、子どもの発達について学び、さまざまな実践を展開する。ある時は幼児たちのリズム遊びを見せていただいた。保育者のピアノ伴奏に、子どもたち、保育者たちも、しなやかに体を動かして表現していく姿に出会うことができた。また、子どもたちの小さなつぶやきを、とても大事にしている。保護者の方々が、記録をとり、毎年冊子を発行しているのである。

園の子どもたちを見ていると、おとなも、もう一度、乳幼児期の原点に返って、毎日の遊びや生活そのものを、ゆっくりと過ごしてみたくなる。そもそも人間らしさとは、生命の尊厳とは、どういうことなのか。そんなことを考えさせられる、貴重な時間が刻まれていくのである。

都心部の待機児童問題は、容易には解決していない。そうした中、行政とも連携しながら、新たな保育の場を創造するために、チャレンジし続けている保育園がある。社会福祉法人新川中原保育会が東京都世田谷区に開設した二つの保育園である。二〇一〇（平成二二）年四月に世田谷つくしんぼ保育園を、二〇一三年四月に成城《せいじょう》つくしんぼ保育園を開設した。

設立主体の新川中原保育会は、保護者、地域の方々、職員とで、共同して運営をすすめる共同保育所としての歴史を持っている。共同保育所の前身となった施設のスタートは、一九六三年なので、すでに半世紀を経過したことになる。

無認可の共同保育所では、日常の運営資金や園舎の改修費用等を捻出するために、バザーを開催したりすることが多い。このバザーの取り組みを通して、保護者や地域の方々、職員の輪がつくられていったといえる。

創設間もない頃からかかわる、成城つくしんぼ保育園の園長布川順子先生は、「新しく始めることは、たしかに大変だけれど、みんなでスタートする新鮮さもある。それに保護者の方も、本当に入園できたことを喜んでいてくれている。園が増えることで、職員の交流もできていく」という。

世田谷つくしんぼ保育園と成城つくしんぼ保育園、それぞれの保育園に共通して感じられるものがある。
落ち着いた木造の園舎、あたたかい保育室の雰囲気、保育園に入園している子はもちろんだが、親子の遊びのスペースがあって、入園前の親子や祖父母、地域の方々が、安心して遊んでいる点などが共通点である。
それにしても、二〇〇九年から二〇一三年にかけて、二つの保育園を創設するエネルギーは、どこから生まれたのだろうか。おそらく、子どもへの確かな願いに裏づけられた、次のような理念をもっているからだろう。

――「人間として、人間らしく生きていくことができる能力を持った健康な子ども、意欲的で、自分の要求もだし、相手の要求も聞くことができる子ども、やさしくおもいやりのある子ども」――

世田谷区をはじめ、都内の待機児童問題の解決は急務である。では、入れさえすればいいのかというと、そうではない。子どもや保護者にとって、安心できる場である必要がある。つくしんぼ保育園はその具体的な姿の一つを示しているといえる。園長布川先生は「法人と区との信頼関係を築きながら二つ目(の園)に挑戦できた」という。国・自治体は、責任を持って、こうした認可保育園の建設を、確実にすすめる必要がある。

園長布川先生の、保育への想いを、じっくりと聞いた。保育園は、さまざまな人の出会いの場であり、保育園のもつ役割は、かぎりなく深いことがわかる。

児童養護施設から里親さんに引き取られ、そこで成人した保育者は「福祉に助けられたから、福祉の仕事をしたい」と、保育の道を選んだそうだ。布川先生は「里親さんから愛情をかけてもらったので、愛情をいろいろな人に返すすべを知っている」という。

また、五〇代の祖父母が育てると決めた赤ちゃんが、入園してきたこともある。娘さんが出産した子が、乳児院に託された。それを知った祖父母が「引き取りたい」と申し出て、育てることにしたのである。すべてを祖父母が背負って育てることは、疲れもするだろう。布川先生は、「たくさんの人から愛されて育つことが幸せだ」「赤ちゃんが来てから、それまで、口もきかなかった一九歳の息子さん(赤ちゃんのおじさん)と祖父母の会話が弾むようになった。赤ちゃんの放つ素敵な魅力に、家族が再生された、ともいえる。その不思議な力に驚いた」という。

いま、親たちも含めて、孤独な子育てが心配されている。

「子どもを社会で育てる」という意味は、保育園がこんな役割を果たす、ということだと思う。保育園は、安心できる地域を築く、現代社会の砦だといえるのではないか。

新宿区のエイビイシイ保育園は、全国初の二四時間保育

エイビイシイ保育園は、都心で深夜まで働く親たちのために、二〇〇一(平成一三)年、東京都ではじめて認可された二二時間(二〇〇四年より二四時間)の夜間保育園で、定員は九〇名である。認可保育園になってから、いつも定員いっぱいである。

夜六時過ぎ、入園児のほとんどがここで夕食を食べている。園長の片野清美先生は言う。「夜、七時、八時頃にお迎えにくる親も、家に戻ってから夕飯づくりなんて無理に決まってる。それよりも、子どもは園できちんと食べて、帰ってからは、お風呂に入って十分に眠れることが大事だ」。親によく言うそうだ。「保育園に預けたら、もう子どものことを忘れて、ばりばり働いてほしい」と。

保護者の職業は、公務員・飲食業・ジャーナリスト・編集者・医師・自営業・旅行代理業務・会社員研究職・会社員技術職とさまざまである。いずれも、夜一〇時以降や深夜、翌朝までの保育時間を必要としているのである。まとめられた職業一覧を見せていただいたが、どのような仕事でも、昼間の時間帯の仕事もあるが、必ず深夜まで働き、支えている人たちがいる。

エイビイシイ保育園の存在は、日本経済の一端を支えている。

園長の片野先生は、九州の出身で、北九州の短大保育科を出て、都内で保育園を開所した。新宿歌舞伎町で、幼い子どもを伴いながら、深夜まで働く女性たちを目の当たりにして、無認可ではあるが、乳児専用の夜間保育園をはじめたのである。一九七三年のことであった。無認可で保育園を続けるには、経営上も困難がつきまとう。親にしてみても、所得に応じた保育料を支払う認可保育園ではないので、高額の負担をせざるを得なかった。子どもを育てながら、夜遅く、また、深夜まで仕事をもって働く親には、必ず保育園が必要であると思い、粘り強く運動を広げてきたのである。その結果、二〇〇一年、ようやく夜間保育をする認可保育園としてスタートすることができた。

保育園運営の歩みにおいては、「なぜ、深夜まで子どもを預かるのか」「子どもの育ちにゆがみが出てくるので、やめた方がよい」などと、根強い偏見と向かい合う日々でもあったという。しかし、片野先生は「ここでは、子どもたちの健康は守られている。たくさん遊んで、食べて、よく眠る。その分、親は精一杯仕事に励んでほしい」と親たちを応援する。

保育園の機能として、親たちの就労保障は欠かせない。その親たちの働きがあってこそ、日本社会の土台は、築かれていくからである。その意味で、保育という仕事は、おおげさではなく、社会そのものを形成しているのだと思う。

労働の多様性とともに、保育の需要もさまざまな変化を求められる。でも、その中で生きていく子どもたちの、落ち着いた生活と遊びの場を保障することをめざす保育園。そして、子どもが保育園を卒園すれば、学童保育も必要だと、いま、学童保育の新たな挑戦を始めた。苦難を経て、実践を重ねてきたエイビイシイ保育園の存在は、輝きを増している。新宿で、深夜勤務での保育内容を創りだす、頼りがいのあるフレッシュな保育者たちを、私は心から応援したい。

埼玉県入間市あんず幼稚園——環境にかける保育の日々

埼玉県入間市にあるあんず幼稚園は、二十数年前に誕生した。子どもは、遊びを通して考え学んでいくという姿を、あんず幼稚園の保育実践から教えられる。

幼稚園の建物がおもしろい。園舎や庭の形が幾何学的である。どのようになっているのか、全体をつかむのに、とても時間がかかる。いや、それだけ子どもにとっては、冒険ができ、自由に動きまわれるとも言えるだろう。園庭が「ひよこの庭」「もみじの庭」「電車の庭」「ほしの庭」「いちょうの庭」と五か所ある。「電車の庭」には、地下鉄丸ノ内線を走っていた電車が置かれている。「ほしの庭」は、キンモクセイがあり、散った花が星のように見えるから名づけられた。「いちょうの庭」は、中庭で真ん中にイチョウの木がある小さな庭。「もみじの庭」「電車の庭」「ひよこの庭」には、担当の保育者が常時いるので、一人で遊びにいっても安心ということである。

最近、あんず幼稚園の保育の考え方と具体的内容をカラー写真も入れてまとめた本『きのうのつづき――「環境」にかける保育の日々』が出版された。冒頭には、「子どもたちがあそび込むことができ、楽しめる幼稚園、穏やかで暖かな風が流れている空間を作り出したいと願い、数人の仲間が顔を寄せあって、いまから二一年前に「園づくり」がはじまりました。子どもたちが園での生活を楽しむことのできる基本は、可能なかぎり、自らの意志で活動に取り組むことのできることだと考えました」「子どもがあそんでいる状態とその環境をつくることは決して簡単なことではありませんでしたが、その環境をつくりあげながら、それがどれほど大切なことであるのか、をあらためて知ったのです。個人あるいは集団であそびほうける姿を目にしたい。これが私たちがめざしている園づくりの重要な柱となっているのです」(同書)とある。

子どもは、自分で考え、仲間たちとかかわり、認識を広げていくものである、というメッセージが伝わってくる幼稚園だ。園の日々の活動は、さまざまな内容で展開されていく。それは、

上，下ともあんず幼稚園，撮影宮原洋一

子どもが自ら創造していくからだといえるだろう。あんず幼稚園では、子どもたちが、ひたすら遊びにのめりこんでいく。

それを可能にしているのは何だろうか。私自身の、保育園でのつたない実践経験から想像してみた。それは、保育者たちが子どもや遊びへの見方を、時間をかけて振り返り、議論していることによるのではないだろうか。議論を重ね、保育についての見方も豊かさを増していく。毎日休まず育つ子どもたち。それに、かぎりなくつきあう保育者集団の粘り強さ。

幼児期からの保育、教育実践の魅力が伝わってくる、楽しい遊びの広場だと感じている。

松本青い鳥幼稚園――躍動する子どもとキリスト教精神

北アルプスを望む信州、松本市にある青い鳥幼稚園は、一九六六(昭和四一)年の開園で、四〇年以上の歴史を刻んできた。園の歴史は、一九五三(昭和二八)年の学校法人青い鳥学園の創設までさかのぼることができる。すでに四〇〇〇名を超える卒業生を送り出してきているそうだ。

松本青い鳥幼稚園の園長飯沼先生は、「自然豊かな信州であっても、子どもたちの生活には課題が多い。テレビやビデオを長時間見ていたりする。子どもたちにとって、住みにくい社会環境になってきてしまった」「だからこそ、幼児期からの保育は、遊びを中心としたものでありたい」「(日本の保育界に影響を与えた)倉橋惣三の思想は現在も保育に生かしていきたい」という。松本青い鳥幼稚園は、キリスト教の教育を根底に置いている。園の教育目標を次のように定めている。

「躍動する子ども―自分を出しきって生き生きと遊び、そして相手の気持ちを考えられる子どもを目ざして―主体的・創造的な子どもを目ざして、協力、協同する子どもを目ざして、神の愛を実現できる子どもを目ざして、体をいっぱい使って生活する子どもを目ざして」

「みことば『自分を愛するように、あなたの隣人を愛せよ』(マルコ伝一二章三〇~三一)」

林の風が心地よく吹き抜けていく中を、子どもたちが力いっぱいかけていく。幼稚園では、四季の自然との出会いを大事にしていることがわかる。この林で、春には芽吹きを感じるだろうし、夏の虫たちの生態に関心を寄せる子もいる。秋には落ち葉を集めさまざまな体験もあるという。凍てつく冬の自然とかかわりながら、心身も鍛錬されていくとのことだ。

松本青い鳥幼稚園のもつ自然環境の豊かさは、もちろん都心部とはだいぶ異なる。ここで園長先生と語りながら思ったのは、子どもたち、そしておとなも、自然の中に過ごしているからといって、ひとりでに自然を好きになるわけではない、ということだ。

アメリカの科学者レイチェル・カーソンのいう、「センス・オブ・ワンダー」を思い出す。彼女は、かつて『沈黙の春』によって農薬汚染を告発した科学者だが、子どもの教育でも貴重なメッセージをのこしている。「子どもたちには、センス・オブ・ワンダー(＝神秘さや不思議さに目をみはる感性)を授けてほしい」という。それには、保育者やおとなたちが、子どもとともに、自然の豊かさに関心をもつ、心のアンテナをもつ余裕がほしい、ということである。

施設の中で目を見張ったのは、幼稚園としては珍しい図書室であった。数千冊の絵本と子どもたちが出会う。たくさんの絵本を通して、親子ともに豊かな生活を築いていくことができるのである。

信州の厳しい自然の中で、この幼稚園の歴史は築かれてきた。幼児期からの保育にこそ遊びが重要で、教育の核心があることを痛感させられた。

親子で運営する幼児教室すぎのこ——子どものことばはおもしろい

幼児教室すぎのこは、神奈川県にある親子で運営する共同保育の集まりとして、四〇年近くの歴史がある。この園は、三歳児と四歳児と五歳児を親たちが預けながら、同時に保育者として運営してきたのである。

ここで繰り広げてきた遊びは、本当におもしろい。就学前の子どもたちは、まだ必ずしもことばを十分に理解したり、表現したりできるわけではない。しかし、すぎのこの子どもたちの楽しい遊びとつぶやきは、親たちや保育者たちにより、ていねいに、聞き取られてきたのである。毎年、「すぎのこ」という冊子が発行されてきた。

保育者や親たちに記録された実践をもとに、たびたび語り合ってきたのである。この地道な取り組みが基礎になって、村田道子先生により、『せんせいがうまれたときかいじゅういた？』が出版された。

ご著書から、二編のみ、紹介させていただく。

せんせいがうまれたとき、かいじゅういた？

だいじ(五歳)。私の小さいころの話をしていました。だいじくんは、「せんせいがうまれたとき、かいじゅういた?」と聞くのです。「エッ」という気持ちです。だいじ君に比べたら私は昔の人ですが、それほど年をとってはいません。もちろん、怪獣なんか見たこともありません。だいじ君に聞かれた時、そんな気持ちになりました。でもだいじ君は昔という時間の遠さを知りません。昔ということばの意味もいろいろあることも知りません。「かいじゅういた?」と聞いた時のだいじ君の顔は、怪獣のことを教えて、とでもいうような好奇心いっぱいの表情でした。私が生まれた時、怪獣がいたらよかったな。そうしたら、だいじ君にいっぱい話をしてあげられたのに。

(四四頁)

わたし、けっこんしないんだ。

すみえ(六歳)。すみえ「おかあさん、なんさいでけっこんした?」母「すみえちゃんは何歳で結婚するんだろうね」すみえ「わたし、けっこんしないんだ」母「どうして?」すみえ「どうせあれもだめ、これもだめっていうでしょう?」

母「お婿さんを」すみえ「そう」母「どうして、そう思うの?」すみえ「だって、スカートかうときだってわたしのかいたいの、いろがうすいとかいってだめってかってくれないし、ちっともわたしのかいたいの、かわせてくれないから」

お母さんが伝えてくれたことばです。スカートの買い物から、将来のお婿さん選びを結びつけるなんて、子どもって面白いです。それに、自分のわずかな経験の中から、将来のことをしっかり考えています。子どもは、おとなに守られているけれども、おとな次第という不自由な立場でもあります。すみえちゃんは、お母さんと趣味があまり合わないのかしら。自分の思いがしっかりあるからお母さんとぶつかるのでしょう。思い通りに決められないお婿さんなら、いらないというすみえちゃんの強さ、強いお母さんと張り合っているみたいです。おとなになってどんな選び方をするのでしょう。お母さんはすみえちゃんに選ばせてあげられるのでしょうか。すみえちゃんはもうすぐ20歳になります。お婿さんはまだですが、お母さんとしんどい葛藤を繰り返し、自分のこれからのことをしっかり選んでいます。

（一二六頁）

『せんせいがうまれたときかいじゅういた？——子どものことばから子どもの世界へ』

私は、約三〇年間、村田先生といっしょに子どものことばを聞いたり、記録したりしながら、研究会を重ねてきた。とても小さな分科会なのだが、毎回、子どものことばをとおして、議論をしてきた。「子どものことばは、おもしろい」がスタートラインであった。そして、子どものことばから、わが子の不登校のことといったおとなの悩みまでも話し合うことができた。あるとき、かなり重度の障害のある子どもたちと過ごす施設の指導員が参加したことがあった。はじめの頃、その子のことばを聞きとることができない。でも何か言いたいことをもっている。もしかしたら、その子は「こういいたいのかなあ」という記録、厚さ数センチもある実践記録を持って報告してくれたことがあった。音声として聞こえてくることばだけではないのだと気づかされたのであった。

いつも、子どものことばのもつ意味を、深く考えさせられる研究会であった。子どもの世界の魅力を教えてくれる、ちいさな幼児教室すぎのこの楽しい実践に、いつも、感謝している。

武蔵野緑会　西久保保育園――「人皆に美しき種子あり、明日何が咲くか」を理念として

西久保保育園は、東京のJR中央線、三鷹駅の北側、静かな住宅街にある〇歳児～五歳児まで、一一〇名定員の保育園である。

保育園は、今から約六〇年前(一九五三年)に誕生した。戦争の傷跡がまだのこる中で、木造ベニヤ張りの小屋を「希望の仮小屋」と名付け保育園は開始された。戦後の憲法、児童福祉法の理念など、新しい価値観のもとで、子どもはもちろん、地域社会のすべての人々の幸せを願い、園の歴史は刻まれてきた。

保育方針は、以下のように記されている。

「この地域のすべての人々の乳幼児保育についての諸要求に、できる限り即応するよう努力します。すべての子どもに対して一切の差別なく、政治・信仰と無関係に民主的な運営をします。園の運営者、職員、利用する父母の三者が対等に話し合って、民主的な関係をつくります。規則正しい日課にしたがって就学時まで一貫した保育をおこないます。「人皆に美しき種子《たね》あり、明日何が咲くか」という児童観で豊かな感情と思考力の発達をめざした保育をおこないます」

保育方針に書かれている「明日《あす》」という詩について紹介する。作者は、安積得也《あずみとくや》(故人)で、栃木県知事、岡山県知事を歴任している。

「はきだめに、えんど豆咲き、泥池から、蓮の花が育つ、人皆に美しき種子《たね》あり、明日何が咲くか」
（安積得也『一人のために』）

西久保保育園は、この詩にこめた想いを、保育の基本的理念にしているのである。安積氏は、西久保保育園の初代理事長である。創設の頃の楽しいエピソードがある。法人名を検討しているとき、理事長は「世界子どもの園《その》」にしたらと提案した。それを園長が厚生省（当時）に持っていったら、「ただの保育園のくせに」と言われ、現在の法人名となったそうだ（理事長と園長との対談記録より）。

武蔵野市の西久保保育園といえば、『集団保育とこころの発達』（一九六九年）を書いた園長近《こん》藤薫樹《どうしげき》（故人）のことを挙げておかねばならない。この書物は、当時の保育者、親たちをはじめ多くの保育関係者たちに、とてもよく読まれた。そして近藤園長は、全国を講演してまわり、保育関係者たちを励ました。一九六〇〜七〇年代の高度経済成長社会において、保育園・幼稚園が増加する中で、それを支える新しい保育理論ともなっていったのである。西久保保育園は、民間保育園としての独自性を発揮しながら、さまざまな運動にも力を尽くしてきた。私立保育園に対し市独自で保育単価を補塡させる運動（一九六七年）は、「公私格差是正」運動のさきがけともいえると思う。また男性保育者を採用し、後に全国の男性保育者連絡会の拠点としての役割も果たしていった。保護者や地域とともに学びながら、子どもの幸せを願う数々の取り組みをすすめてきた。そうした力が、保育士の職名問題や国家資格化の際にも、大事な役割を担っていったといえる。

いま、六〇周年を経て、法人として三園目の保育園の運営をはじめている。新たな保育の創造に、心から期待したい。

第4章
「子ども・子育て支援新制度」のスタート

「子ども・子育て支援新制度」の議論から考える

二〇一五(平成二七)年四月から「子ども・子育て支援新制度」(以下、新制度)が開始される。これまでの保育園や幼稚園の制度が大きく転換されることになる。新しい法律の内容は、法学の研究者でさえ「複雑、難解な法律」と指摘していて、量的にも膨大な法律になる。しかも、改正される内容が明らかになってきたが、消費税の増税にともなう予算措置で、どこまで財源を確保できるかによる内容までも含まれている。

ここ数年間の議論から浮かび上がってきたことを、保育の実践現場の当事者(子ども・親・保育関係者)の立場から考えていきたい。

新制度は、大きくは三つの法律から成り立っている。子ども・子育て支援法、改正認定こども園法、子ども・子育て支援法及び認定こども園法の一部改正法の施行に伴う関係法律の整備等に関する法律である。これらの法律は、二〇一二(平成二四)年八月に成立した。そして、一三年四月からは、子ども・子育て会議(国及び地方自治体で実施)が開催され、準備が重ねられてきた。国の検討内容を踏まえながら、事業の実施主体となる市町村が、条例の制定をすすめ、諸準備を急いでいるのが現状といえる。

新制度をめぐり、研究者・保育園や幼稚園の関係団体・行政・経営者、保護者関係の団体代表も加わり、議論が活発におこなわれてきた。待機児童の解決を願う保護者の立場からの声、保育者たちの処遇を大幅に改善すること、保育園・幼稚園の基準の改善、子育て支援策の課題など、多くの資料が提示された。こうした議論の積み上げは、とても重要であったと思う。この議論を無駄にすることなく、確実な実現へむけて粘り強い努力を重ねるべき段階に入っている。

新制度の基本は、政権の交代をともない決着した「社会保障と税の一体改革」「子ども・子育て支援新制度」である。子ども・親・保育関係者にとって、改善策がどのように実現するのか、あるいは危惧されることはないのかを考えたい。

たとえ時間を要するとしても、子どもをなかだちに、幅広い方々が、力を寄せ合うことをめざしたい。政治的立場、思想信条、各団体の主張のちがいをわきにおき、議論の場をつくりあげ一致することを確かめて改善したい。私は、保育や子育て支援の分野では、このことが十分可能であると考えている。

第4章では、政権の交代における新制度への複雑なプロセスや、新制度の全容を説明するのではなく、当事者の側から見たいくつかの問題を取り上げていく。特に待機児童の問題、親の立場、子どもの願い、保育関係者の立場(保育園・幼稚園・認定こども園で保育にかかわる保育者・園長先生たち)に焦点をあてる(新制度全体の仕組みと識者の見解は巻末の引用・参考文献を参照)。

そもそも、待機児童とは

新制度のそもそもの出発点は、都市部における、認可保育園に入れない待機児童の問題を解決することを、主なテーマとして検討されてきたものだ。

都市部を中心に、しばらく前から、新年度を迎える頃になると、保育園へ入れない待機児童の問題が報道されてきた。第1章で述べたように、親たちが、乳幼児を伴って区役所へ集まり、認可保育園が不足している現状を訴えたこともあった。それが、行政を動かすきっかけとなり、結果として、保育園の建設が実現している地域もある。

しかし、この時期を過ぎると、あたかも問題は解決したかのように、話題にのぼらなくなってしまう。そして、時間だけが確実に経過していく。親たちに背負われた乳児たちは、いったい、どうしただろうか。運よく保育園に入園できた子もいただろうし、翌年もその不安をかかえたままの親もいただろう。そうこうしているうちに、次の親子たちが、また入園先を見つける困難さに直面することになる。

現に、二〇一四年春には、東京都武蔵野市や小金井市、さらに、埼玉県や神奈川県などでも、二〇一三年と同様の運動がおこっている。二〇一四年四月時点で、東京都二三区の場合、募集枠三万三九九一人だが、入れない子が二万一一六七人（三八％）という調査報告がある。一年前の同じ調査より、約二二〇〇人増加しているとのことである。また、都内だけでも、認可保育園へ入園できない子どもは、二〇一四年三月時点で、二万四〇〇〇人を超えるという数値もある（『東京新聞』二〇一四年二月二八日、『しんぶん赤旗』二〇一四年三月一二日など）。

認可保育園への保育需要に、ほとんど追いついていない実態が浮かび上がってくる。親たちは、消費増税への実感をともないながら、少しでも働きたいという願いをもち、ますます保育需要が高まっている。子どもの成長は、待ってはくれないわけで、最優先の課題として取り組んでほしい。

二〇一三年の親たちの動きを受けて、たとえ部分的であっても、改善に力を入れた自治体があることは、歓迎すべきことだ。行政関係者の方々の努力に感謝したい。国・自治体は、児童福祉法に明記された保育を実施する責任を確認し、さらに前へすすめてほしい。

若い世代の方々が、たがいに誓い合い結ばれ、新しく家庭を築いていく。一人ひとりの人生において、そのドラマは、無数にあるにちがいない。そして、乳幼児期の子どもをどう育てるかは、両親が決めることだと思う。でも、出産を終えて、今後の生活や仕事を決めていくとき、社会は、もっと親切に、手を差し伸べるべきではないだろうか。子どもたち一人ひとりは、日本の社会そのものだからである。

保育園への入園先に見通しが持てず、親が途方にくれて悩むような状態をつくりだすのは、あまりにも無責任な社会ではないだろうか。幼な子を背負い直訴しなければ、預ける場所が見つからない現状を、どうしても解決したい。そして、いま、保育や子育て支援を必要とする親子へ、社会からの応援メッセージを送り、具体策による改善をはかっていきたいと心から願う。

ところで、待機児童ということばは、すっかり馴染みになったが、どういう意味だったのか。待機児童の定義について、くわしく考えてみよう。実は、旧定義と新定義があったことから説明しておく。

待機児童ということばが用いられたのは、一九九九(平成一一)年になってからである。

ここでは、「「待機児童」は、保育所入所申込書が市区町村に提出され、かつ、入所要件に該当しているものであって、現に保育所に入所していない児童。なお、保護者が求職中であるものや地方単独事業を利用しつつ保育所入所を希望とするものについても「待機児童」の対象になりうる」（児童家庭局保育課長通知、一九九九年三月五日。旧定義）となっていた。「地方単独事業」とは、保育ママや保育室などの補助事業を指している。それが、二〇〇一（平成一三）年九月六日通知では、後半が「地方公共団体における単独事業を実施している場合と、特定の保育園を希望し、保護者の私的な理由により待機している場合には、待機児童数に含めないこと」（新定義）と変更された。

つまり、以前は、認可された保育園に入園する資格がありながら、やむを得ず認可外施設などに預けた場合も含めて、待機児童としてカウントしてきた。ところが、二年後には待機児童の定義が変更されて、認可外などの施設に預けている場合は、待機児童数から除かれるようになった。待機児童の定義が変更され、旧定義よりも新定義の方が、待機児童としてカウントする対象が狭くなったことになる。認可外保育園などに入園していれば、カウントしなくなったのである。

表4―1は、一九九九（平成一一）年から二〇一三（平成二五）年までの、毎年四月時点における待機児童数の変化である。待機児童数は、定義が新定義となってから、いったんは減少する。しかし二〇〇七（平成一九）年以降、増加を続けてきた。二〇一一年以降、認可保育園の増設が

表 4-1　待機児童数の推移(1999〜2013 年)

1999 年	32,225	旧定義
2000	32,933	
2001	21,201	新定義　待機児童ゼロ作戦
2002	25,447	
2003	26,383	
2004	24,245	
2005	23,338	
2006	19,794	
2007	17,926	
2008	19,550	新待機児童ゼロ作戦
2009	25,384	
2010	26,275	
2011	25,556	
2012	24,825	
2013	22,741	待機児童解消加速化プラン

厚生労働省，待機児童数(4 月現在)公表数値より作成

ある程度すすみ、待機児童は減少傾向になった。しかし、それが本来的な解決にはなっていなかったことは、先にふれた東京都内の親たちの動きをみても明らかである。

このように、旧定義から新定義へと変更されたわけだが、待機児童の解消はされていない。そのうえ複雑なのは、自治体により、待機児童の定義がまちまちであることである。育児休業中や、自宅で求職中のケースは待機児童数に含めない自治体もあれば、保育園に入園できなくて、育児休業を延長した家庭の子を、待機児童数にカウントする自治体もある。待機児童の定義があいまいで、カウントする方法が自治体により異なる現状では、待機児童数を正確に把握することはできない。

定義がちがえば、一夜にして「待機児童数ゼロ」を宣言できてしまうこともある。国・自治体は、急いで待機児童の定義を検討する必要がある。

このように、待機児童の定義の源をたどっていくと、そもそも待機児童とは、認可された保育園に入る資格があるのに入れない児童数であったことをおさえておいてほしい。なぜなら、漠然と、どこかの「保育施設に預けることさえできればよい」という考え方では、子どもの保育環境の改善につながらないからである。

認可保育園へ入園する資格がある、というところに大事な意味がある。親も認可保育園を望んでいるのである。もう少しくわしく見てみよう。

保護者が願う認可保育園

認可保育園とは、保育者の資格や配置人数、保育室の面積などを、国として基準を定めていて、それに合致している保育園のことで、公立保育園と私立保育園とがある。

表4-2は、認可保育園の基準のうち、保育士の配置や面積基準を示している。この内容は、国としての最低基準として約六五年前(一九四八年)に定められてきたものだが、これまでほとんど改善がすすんでこなかった。そのうえ複雑なのは、二〇一一(平成二三)年には地域主権改

表 4-2　保育士の配置人数，面積(認可保育園　国としての基準)

	保育士の配置 (園児：保育士)	保育室等の 面積基準
0 歳児	3：1	乳児室　1.65 m^2 ほふく室　3.3 m^2
1〜2 歳児 3 歳児 4〜5 歳児	6：1 20：1 30：1	1.98 m^2

革一括法が成立し、国としての最低基準に代わり、都道府県が基準に関する条例を定めるようになったことである。職員配置基準、居室面積、人権にかかわる基準は「従うべき基準」として国の基準に従うことになっている。それ以外の設備などは、「参酌《さんしゃく》すべき基準」(十分、参照する基準)になった。その結果、これまでの基準を下回る自治体、あるいは基準を上回る自治体が出てきており、地域や自治体により、認可保育園の基準内容が異なってきている実情がある。つまり、二〇一一年以降、国としての認可保育園の基準自体が流動化し、規制緩和がさらにすすんだということである。

実際の保育園を運営するには、これまでの基準でさえ、不十分であるために、自治体や設置者が上乗せをして、保育士などが配置されているところが多い(加配《かはい》保育士)。また、基準となる面積にしても、子どもが、おもいきって体を動かせるよう、可能なところは、この基準よりも広い面積を確保している。いっぽうで残念なのは、保育園に園庭がなくても、近くに公園があれば、代替地として認可される基準は、従来と変わっていないことである。

こうしたなかで、保護者は、基本的には認可保育園への入園が第一の希望である。なぜなら、保育料が所得に応じた応能《おうのう》負担であること、保育者が十分に配置されていて、子どもが伸び伸びと遊べる環境であること、保育者と信頼できる関係を築きたい、などの理由からである。

さて、そもそも待機児童とは、認可保育園に入る資格がありながら、入れない状態にある乳幼児たちのことであった。したがって、待機児童問題を解決する本来的な方向は、一定の基準をもち、保護者が最も望んでいる認可保育園を増設することが基本である。そして、急ぐべき対策も検討することである。現在の保育園において保育室の増改築をすること、保育者の安定的確保、保育環境の諸条件をたえず改善させることなどが必要である。

新制度のおおまかな内容——財政的支援の流れ、保護者の手続きを中心に

ここで、新制度について一部を説明しておく。新制度では、子ども・子育て支援法において、財政的支援の仕組みを打ち出している。保育園、幼稚園、認定こども園、小規模保育などにかかわる財政面の仕組みとしては、施設型給付と地域型保育給付の、二つに区分されている

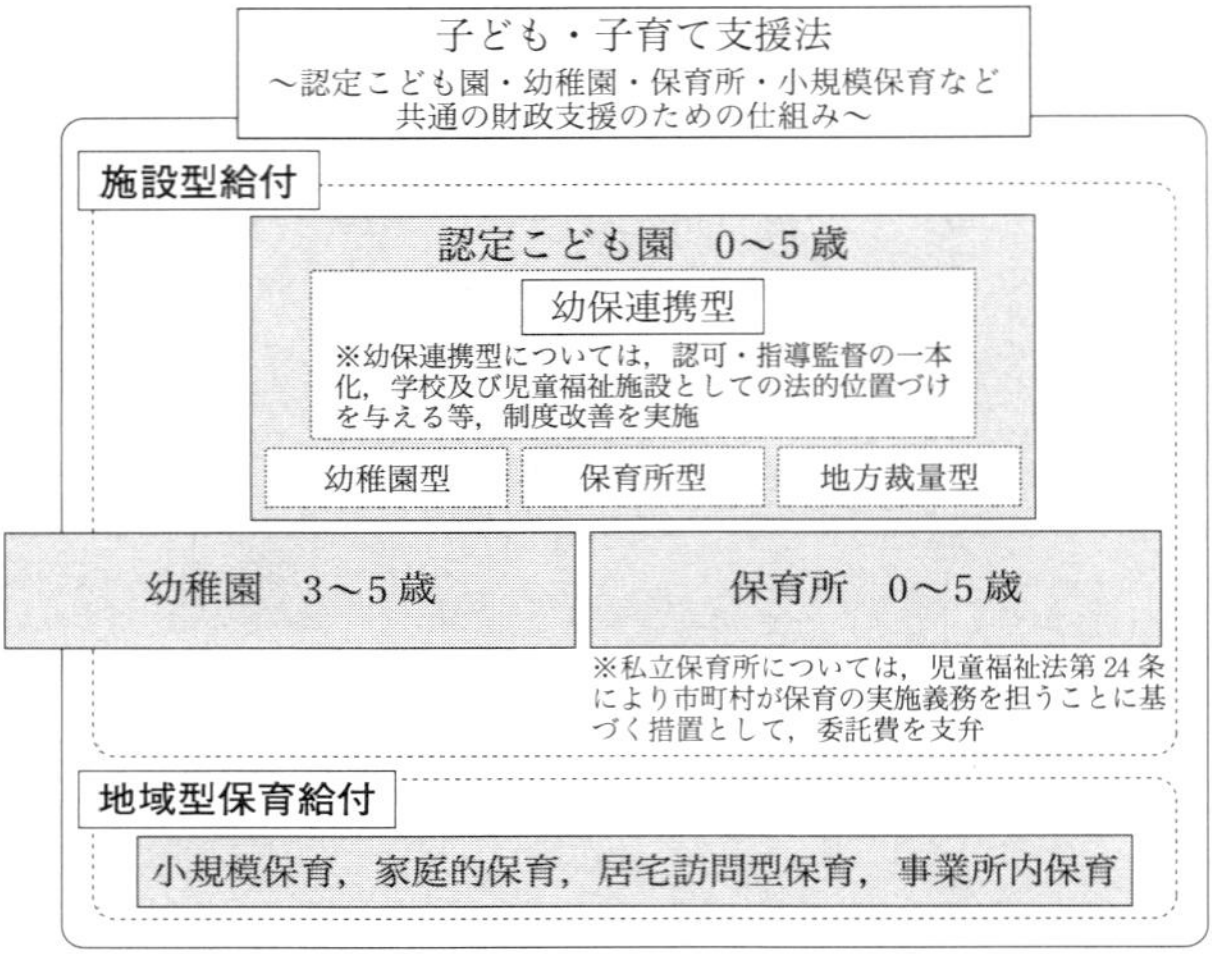

図4-1　子ども・子育て支援新制度について
内閣府子ども・子育て支援新制度施行準備室，平成26年4月

（図4―1）。

施設型給付とは、保育園（〇～五歳）、幼稚園（三～五歳）、認定こども園（〇～五歳）への財政的仕組みである。ただし、私立保育園においては、当面、これまでと同様の方法であり、施設型給付は適用されず、市町村からは保育園の運営に必要な公費として委託費が支払われる。

施設型給付のうち、幼保連携型認定こども園への改正は、大きな特徴点である。監督する官庁が一元化され、同じ施設において、保育園機能と幼稚園機能を一体的におこなうもので、現在の保育園や幼稚園から、幼保連携型認定こども園への移行を促す制度になっている。

いっぽう地域型保育給付とは、新たな事業である小規模保育・家庭的保育・居宅訪問型保育・事業所内保育への財政的仕組みである。小規模保育は、六人以上一九人までを保育する事業である。家庭的保育は、五人以下を保育者の家庭などにおいて保育するもので、比較的長い歴史がある。居宅訪問型保育とは、保育者が各家庭に行き保育をする、いわゆるベビーシッターのことである。

事業所内保育は、職員のための保育である。これらの保育においても、必要な条件を満たせば公費が支給されることになる。

では、新制度を利用する手順はどうなるのか。保護者の動きに注目しながら考えてみよう。

図4-2のようになる予定である。保育を必要とする場合、保護者からの申請により、市町村は、保育の必要性を認定する。保育の必要性の認定は、「三歳以上の子ども」(保育を必要としない子ども、一号＝教育標準時間)、「三歳以上の保育を必要とする子ども」(二号)、「三歳未満の保育を必要とする子ども」(三号)であると認定される。そして、月あたりの「保育の必要量」が認定され、保護者は認定証の交付を受ける。市町村からの認定証をもとに、希望する教育・保育施設に行くことになる(私立保育園は、これまで通りの手続きになる)。市町村は、保護者の申請を受けて、利用調整・斡旋・要請により、保育園・幼稚園・認定こども園に入園する教育・

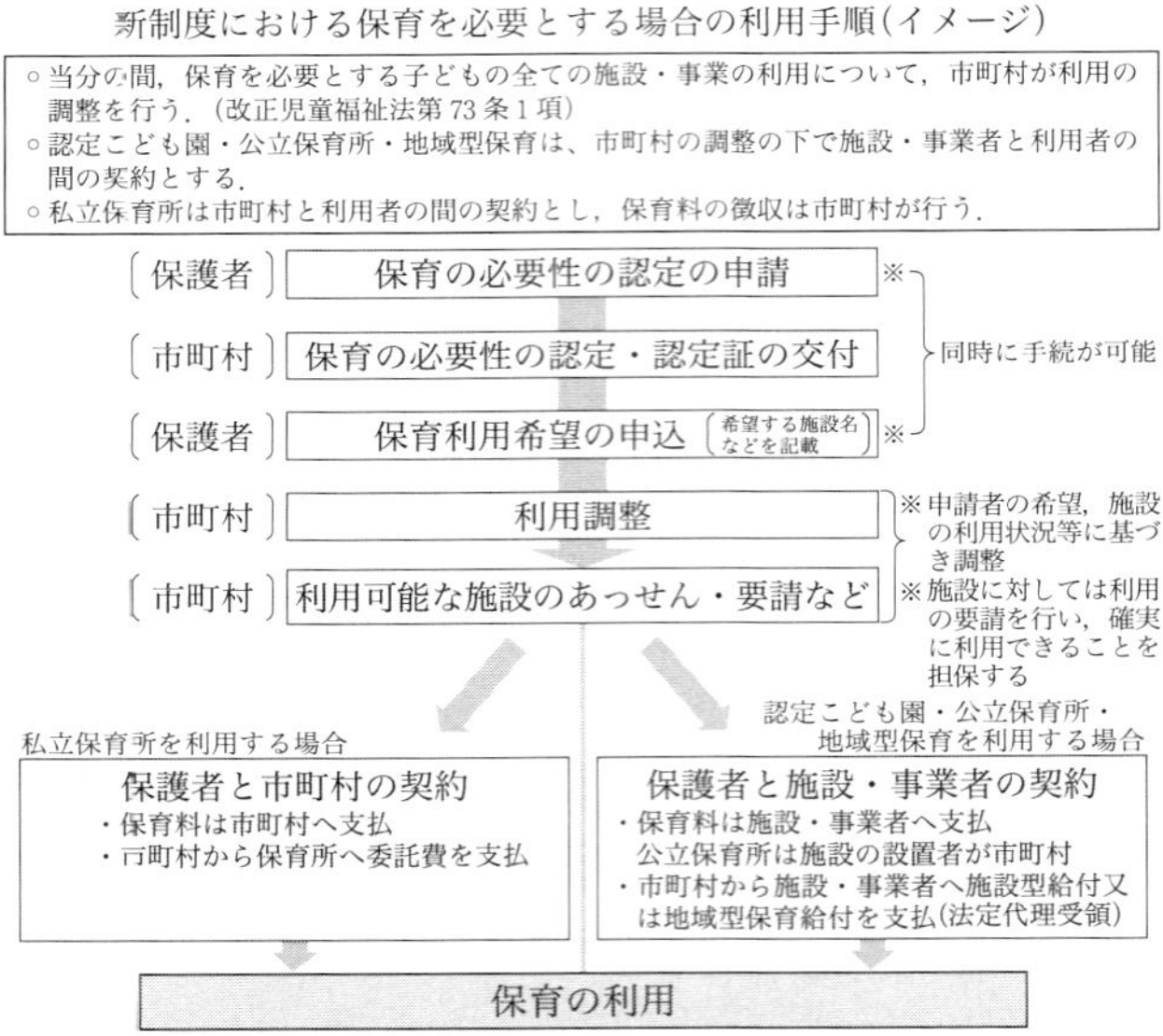
新制度における保育を必要とする場合の利用手順(イメージ)
○当分の間，保育を必要とする子どもの全ての施設・事業の利用について，市町村が利用の調整を行う．(改正児童福祉法第73条1項)
○認定こども園・公立保育所・地域型保育は、市町村の調整の下で施設・事業者と利用者の間の契約とする．
○私立保育所は市町村と利用者の間の契約とし，保育料の徴収は市町村が行う．
保護者
保育の必要性の認定の申請
市町村
保育の必要性の認定・認定証の交付
同時に手続が可能
保護者
保育利用希望の申込
希望する施設名などを記載
市町村
利用調整
※申請者の希望，施設の利用状況等に基づき調整
市町村
利用可能な施設のあっせん・要請など
※施設に対しては利用の要請を行い，確実に利用できることを担保する
私立保育所を利用する場合
保護者と市町村の契約
・保育料は市町村へ支払
・市町村から保育所へ委託費を支払
認定こども園・公立保育所・地域型保育を利用する場合
保護者と施設・事業者の契約
・保育料は施設・事業者へ支払
公立保育所は施設の設置者が市町村
・市町村から施設・事業者へ施設型給付又は地域型保育給付を支払(法定代理受領)
保育の利用

図 4-2　子ども・子育て支援新制度について

内閣府子ども・子育て支援新制度施行準備室，平成 26 年 4 月

保育給付か、地域型保育給付を受けることが決定される。私立保育所を利用する場合(左の矢印)は、私立保育所と市町村が契約をし、保育料は市町村に支払う。これに対して、認定こども園・公立保育所・地域型保育事業を利用する場合(右の矢印)は、保護者と施設事業者との契約(直接契約)となり、保育料は、施設に支払う。つまり、保護者は、保育の必要性を認定され、認定証を手にして、各施設について保育利用希望の申し込みをする。

　教育・保育の必要量ということについても、見ておこう。一号認定の

場合（教育標準時間）は一日四時間である。二号認定と三号認定の場合には保育標準時間と保育短時間とがある。保育標準時間は一日一一時間で、最大二九二時間（月あたり）、最低二一二時間である。保育短時間の場合は、一日八時間で、最大二一二時間、最低九二時間である。下限は、四八時間から六四時間として、市町村で決めることになっている。こうした月あたりの時間を、就労状況に見合うように利用することになる。

新制度と待機児童問題を解決する方向性

こうした新制度では、待機児童の解決は、どのようにすすむのだろうか。首都圏においても待機児童の大半を占めるのが、三歳未満児である。認可保育園に入園できない待機児童が、首都圏だけでも、相当数にのぼっている。各地で認可保育園の建設も進められているが、この需要には、すぐには追いつかないと思われる。それでも、園舎の増改築も含め、認可保育園で待機児童の解決する方向性を具体化してほしいと願う。

では、幼保連携型の認定こども園で、待機児童を受け入れる可能性についてはどうだろうか。二〇〇六年、認定こども園は、待機児童の解決をめざす主役として登場した面がある。しかし、これまで三歳以上児を主に保育していた幼稚園が、三歳未満児を受け入れるには、乳児保育に関する経験を蓄積させること、保育者を確保すること、給食を実施するための設備投資にも費用がかかることなどの課題がある。新制度における新たな補助制度を検討し、幼保連携型認定こども園への移行を予定している園が増える可能性がある。

ただ、保育園や幼稚園から認定こども園への移行は、それぞれの園が判断することである。また、幼保連携型認定こども園では、三歳未満児の保育は義務化されてはいない。こうしたことから待機児童の主たる受け入れ先は、当面は幼保連携型認定こども園よりも、地域型保育給付による小規模保育事業が中心にならざるを得ないのではないか。

新制度を考える——地域型保育事業の内容と基準

そこで、市町村が実施主体になる地域型保育事業について、もう少しくわしく見てみよう。地域型保育事業には、小規模保育・家庭的保育・居宅訪問型保育・事業所内保育がある。これらの事業は、いずれも少人数の規模になっている。地域型保育事業の内容や基準は、国が定めた基準を踏まえて、市町村ごとに条例が準備されている。

小規模な保育事業の取り組みには、いくつかの面から考えるべき課題がある。一つには、各地において貴重な蓄積があり、特性を活かした保育実践として評価できる面があると思う。たとえば、家庭的保育は少人数であるゆえに、ゆきとどいた保育が可能となる。きょうだい関係のような、子ども同士のかかわりを築くこともできる。また、居宅訪問型保育（ベビーシッター）の場合、自宅まで出向いてくれて、わが子の保育をゆだねることができる。先輩の親たちの中には、人生経験が豊富なベビーシッターのおかげで仕事をやめずに、わが子の乳幼児期を支えられた経験のある方もいる。事業所内保育では、さまざまな事業を支えてきた。医療機関の看護師や病院職員を支える役割を果たしてきた例もある。最近では、事業所内に限定せずに、地域社会の子どもの保育を担って、幅広く活動をおこなっているところもある。これまで、必ずしも十分な助成金を受けることなく、献身的に役割を果たしてきた小規模な保育事業が、あちこちに存在しているのである。

こうした、小規模な保育事業のあり方は、より公的な位置づけを持たせていく必要があるといえる。認可保育園とも連携し、ネットワークをつくることもできるのではないか。

二つ目として最近表面化した、インターネットでベビーシッターを依頼し、痛ましい結果となってしまった出来事がある。子育て支援の内容（ファミリーサポートセンターの仕組みなど）を、どうしたらすべての親に伝えきることができるのか、保育者の資格問題はどうするべきかなどの課題がある。教訓をひきだし、きめ細かい保育、子育て支援策を具体化する必要がある。

表4-3　保育所と小規模保育事業(A型，B型，C型)の職員・資格

	保育所	A型	B型	C型
職員	0歳児3人に対し1人 1･2歳児6人に対し1人	保育所の配置基準+1名	保育所の配置基準+1名	0～2歳児3人に対し1人 補助を置く場合5人に対し2人
資格	保育士 ・保健師又は看護師の特例有	保育士 ・保育所と同様 ・保健師又は看護師の特例	2分の1以上は保育士 ・保育士以外には，研修実施保育所と同様 ・保健師又は看護師の特例	家庭的保育者 ・市町村長が行う研修を修了した保育士，保育士と同等以上の知識及び経験を有すると市町村長が認める者

内閣府子ども・子育て支援新制度施行準備室，平成26年4月「地域型保育事業の許可基準について」より作成

三つ目の課題として、新制度で示された人員基準について問題点が大きいと考えている。地域型保育事業の中の一つ、小規模保育事業(三歳未満児、一九人以下、六人以上)について取り上げる。現状では、A型・B型・C型の三種類が予定されている。このうちB型の場合、保育従事者の半数は、保育士の資格がなくてもよいという基準である(**表4-3**)。「保育士を確保するのは難しいから」という理由が聞こえてきそうだ。しかし、無資格者がいる認可外保育園で、死亡事故が起きている現実を考えると、とても心配である(厚生労働省の報道発表資料「保育施設における事故報告集計」平成二五年一月~一二月)。これは、是非とも再考してほしい基準である。

四つ目として、小規模な保育園の経営について

述べておきたい。

一〇人、二〇人規模の園を維持するには、適正な財源確保が欠かせない。従来の委託費が支払われる認可保育園であってこそ、可能となる。過疎地域などで営まれるこうした保育の存在は、人々が集う地域社会を再生していく際に、その核にもなるといえるだろう。

以上のように、小規模な保育事業を公的に位置づけることは、これまでの保育園や幼稚園における保育者とは異なる専門性が求められる。むしろ基準を引き上げるという発想をもつべきではないだろうか。

小規模保育事業に共通する課題は、いまの認可保育園よりも基準が低下する可能性があることである。園庭の確保については、従来の認可保育園でさえ、近隣の公園などを、園庭の代替地でよいとしている。今後、小規模保育が増えていくと、最初から園庭の確保を視野に入れなくなるのではないか。

いま、私たちおとな社会は、根本的に発想を転換しなければならないと思う。

乳幼児期こそ、からだを使って力いっぱい遊び、成長・発達をとげていく時期である。待機児童の対策として、鉄道の高架下に、保育園が建設されていく様子を見たとき、それがどうか、緊急的・応急対策にとどまるように、と願わざるをえなかった。このようなことは、些細なことだという意見がある。「新しくなるのだから、狭くてもよいではないか」、と言うかもしれない。そうであるならば、ぜひ、乳幼児たちと、認可保育園や認可外保育園で、一日を過ごしてみてほしい。子どもたち、そしてそこで働く保育者たちの立場から、問題をとらえてほしいのである。

主に待機児童の受け入れ先と考えられる小規模保育事業において、どのような保育がおこなわれるかが課題となる。保育施設の量的確保がすすんだとしても、質的な面から、課題を明らかにしていかねばならない。保育の質をどう考えるか、今後問われてくる。

新制度を考える――子どもの権利を保障する事業計画を

子ども・子育て支援法では「子ども・子育て支援事業計画」(以下、事業計画)を作ることが義務づけられている。市町村が主体的な取り組みをすすめていくとき、どのようなことが大事だろうか。自分たちの地域で守るべき施策、新たに重視するポイント、これらをよく議論して、事業計画には、実践現場の声を盛り込んでほしい。それには、新制度を利用する保護者、市民、保育・幼児教育関係者などの参画がどうしても必要になる。まだ具体的な場がないならば、これからでも新たに創りだしてほしい。

このプロセスにおいては、情報の公開を求めること、国・自治体への率直な意見表明をすること、実施主体となる市町村へは、率直な批判とともに積極的提案をすることが大事になる。事業計画は、一定期間(五年間)を経たうえで見直しが予定されている。新制度の教育・保育給付(施設型給付、地域型保育給付)と地域子育て支援事業をどのように提供していくのか、必要な体制を明確にしていくことである。

新制度には、地域子ども・子育て支援事業として、とても範囲の広い事業内容が含まれている。放課後児童健全育成事業(学童保育)、地域子育て支援拠点事業、一時預かり事業、乳児家庭全戸訪問事業、延長保育事業、病児保育事業、妊婦健康診査などの施策である。全体としては、都道府県段階において、補助制度などの現状と課題を、把握することが必要になる。

市町村では、保育園・幼稚園・認定こども園の水準が確保され、改善されることが大事である。

ここでは保育園関係にしぼり、いくつかの課題を整理しておきたい。まず、待機児童の多い都市部では、基本方針として、認可保育園の整備計画をもつことである。もちろん、国への財源確保の意見表明をすることが不可欠になる。ここが曖昧なまま検討をすすめると、より安易な解決策に向かいやすくなる。そして、同時に、緊急対応として園舎の改築や保育室の増設が求められる。市町村や地域の実情によっては、新制度の小規模保育事業により、対応することも考えられる。

事業計画を作成するなかで、公立保育園の統廃合、公立幼稚園や公立保育園の廃止、企業による保育園との連携（公私連携型保育所）なども、開始される可能性がある。こうした計画の際には、市町村版の子ども・子育て会議や当事者間で十分な議論を重ね、合意を得ることが必要になる。

人口が減少していく地域における事業計画は、独自に検討すべき応用問題が少なくない。なぜなら、新制度は、首都圏をはじめ人口密集地域における待機児童問題を解決することを中心に、準備されてきたからである。

人口が減少する地域の場合、地域内に必ずしも同年齢の子がいないことがある。また、これまでは、同居の祖父母がいる場合にも、保育を受けることが可能となっていた。

しかし新制度の場合、同居の親族の存在については、保育園の入園の優先順位からいうと、低くならざるを得ない。たとえ同居の親族がいたとしても、同年齢あるいは異年齢の子ども集団のなかで、昼間の生活を保障することをめざしたい。子どもの成長・発達という視点から考えるとき、保育の必要性における「事由」・「優先利用」に示されている事項が、地域の実情に見合うのか、市町村版の子ども・子育て会議では、よく議論してほしい。

こうした応用問題を解決していくときに、すべての子どもの保育を受ける権利を、どう保障していくのかという立場で検討してほしい。

新制度を考える——子どもの立場から

新制度には、どのような課題があるのか。保育を受ける子ども・親・保育者の立場から、率直な問題を提起してみたい。

はじめに、保育を受ける子どもたちのことである。

これまでの保育制度では、認可保育園においては、親の経済状態が異なっていても、どの子にも、日中の保育が保障されてきた。つまり、認可保育園では、親は所得に応じて保育料を負担し（応能《おうのう》負担）、子どもは、基本的には同じ環境条件や保育者の配置基準により保育を受けてきている。つまり、保育料の高い・安いによって、直接的には、子どもが受ける保育に、格差はなかったのである。新制度における保育料負担の考え方は、当初は、受けたサービスに応じて保育料を負担する（応益《おうえき》負担）方針が打ち出された。しかし、広範囲の方々の反対や議論を重ねることによって、新制度では応能負担を基本とするという、これまでの考え方が、維持されることになった。

今後のことでは、子どもたちが受ける保育の内容がどうなるのかが、引き続き課題になる。私は、保育の内容に、競争原理が導入されることを心配する。保育サービスが商品化されていくことを危惧している。「○○保育」「○○教室」「○○早期教育」などが増えて、それに経済的負担が伴う、という動きが強まるのではないだろうか。新制度では、上乗せ保育料を独自に設定できるからである（内閣府令「特定教育・保育施設及び特定地域型保育事業の運営に関する基準」により定められている）。

次に、子どもが受ける保育の平等性、対等性について考えてみたい。

同じ市町村に住所をもつ、子ども（二歳児）の例をあげてみたい。親の就労状況から、二歳児が短時間保育（八時間）と認定されたとする。この場合、認可保育園、地域型保育の小規模保育施設（B型）のいずれに入園が決まるかにより、同じ二歳児でも、保育を受ける条件に、大きなちがいがでてくる可能性がある。

認可保育園であれば、二歳児保育の場合、保育者の配置は、園児六人に対して一人配置される。もちろん、この基準でも不十分ではあるが、保育士の資格を持つ保育者が置かれて、保育を受けることができる。ところが、小規模保育（B型）に入園した場合、まず、保育士が基準の半数しかいない可能性もある。また、無資格者による保育を受けることになるかもしれない。前にふれたが、この場合、保育士資格を有する者は二分の一でよいという基準だからである。このように、同じ市町村における二歳児であっても、保育を受ける条件が異なり、子どもの立場に立つと、受ける保育に格差が生じているといえる。

新制度を考える——親への説明と課題

親にとっては、どのような課題があるのだろうか。

新制度では、保育の受け皿として、大きくは公立保育園、私立保育園、公立幼稚園、私立幼稚園、幼保連携型認定こども園（その他の認定こども園）、地域型保育事業（小規模保育事業、家庭的保育事業、居宅訪問型保育事業、事業所内保育事業）の六種類である。これだけ見ても、とても複雑な保育の場になる。まずは、親に対して、保育の場がどのように変わるのか、わかりやすく示すことが大事になる。市町村版の子ども・子育て会議では、住民にとってわかりやすい相談窓口を置く必要性が議論されている。これは、はじめに整備しなければならないことだろう。

そして、変更をともなう入園申請、手続き、保育料などについて、親へわかりやすく説明する機会が必要となる。各市町村では、これまで以上に、保育施設が多様化していく。その場合、子どもたちが、保育を受ける権利をどのように保障できるのか、入園基準の平等性なども課題になるだろう。

入園を申し込む園児一人ひとりに、保育の必要性が認定され、保育標準時間(一一時間)、保育短時間(八時間)の二つのパターンになる。月あたりの保育時間数の設定は、市町村で検討されていく。

たとえば、保育短時間に認定されたが、月あたりの総保育時間を超えてしまう場合、どうするのかという課題がある。さらに、保育園の側でみると、保育短時間(八時間)の場合、一日のうちのどの時間帯でもよいのではなく、九時から一七時までを望むだろう。このことと、月あたりの総保育時間という考え方とは、調整できるのだろうか。ともあれ、親は認定された時間を、常に意識せざるを得なくなる。このことが、保育園と親との関係に、どのような問題をもたらすか、課題になる。

私は、毎日の保育が、保育園と親との信頼関係でつくられていくことを考えると、「時間きざみの保育」になる可能性がないのかを危惧している。極端な表現かもしれないが、「親はその時間だけ、預かってくれさえすればよい」、「保育園は、その時間だけ、安全に見ていればよい(託児)」という関係になってしまうのではないかと思う。

新制度を考える――保育者の待遇改善と保育実践の課題

保育者にとっての課題を考えてみよう。

保育者の課題として、今後、保育の環境や保育内容を、どのように高めていくのかが課題になる。それは、子どもの保育に責任を持つ、保育者のやりがいにつながることである。仕事の苦労や喜びについては、第５章で整理している。ここでは、保育者の待遇の問題にふれておく。

新制度では、保育者の資格などの基準が多様化する。そして、保育の世界には、これまでになく多様な主体が参入する。ただし、幼保連携型認定こども園・幼稚園には、企業などの参入はできない。また、公立保育園、私立保育園以外の認定こども園・幼稚園・地域型保育事業がおこなわれ、それらは直接契約制度になる。新たに保育事業に参入する事業者は、事業を開始するにあたり、園舎を建設し施設や設備を整備することが課題になる。続いて日常的な運営面の課題として、人件費をどう位置づけるかが重要になる。

現在の認可保育園では、保育者の経験年数に応じた運営費の加算分が支出されている。しかしそれがあったとしても、保育者の給与水準は他職種に比べて著しい低さである。この点は、新制度をめぐる議論でも資料が提示され、重要性は確認されていると思う。保育者の給与水準の、飛躍的引き上げを願いたい。

心配になるのは、新たに保育事業に参入する主体が、経営上の観点から人件費を低く抑える方針をもつことである。現在の認可保育園の場合、人件費は運営費の中で約八割を占めている(職員の経験年数にもよるが、七〜八割が妥当な数値と考えている)。事業者間の競争に拍車がかかると、人件費を削減していくことになる可能性がある。それによって、保育者を正規職員ではなく非正規雇用にしていく。すでに公立や私立を問わず、保育者の非正規雇用化が、急速に進んできている。これは、働く保育者にとって、将来にかかわる重要問題である。同時に、その園の保育内容をどう高めていくのかにも影響を与えていく。保育者の立場から見て、新制度でもっとも懸念されることは、人件費に関する課題であるといってよい(この点は第5章でもふれる)。

もう一つは、長時間保育と短時間保育という二パターンの保育が、日常的にすすむことになる。このことが、保育の実践をおこなう時に、どのような影響を与えるのだろうか。保育計画、行事のあり方、親との意思疎通、勤務体制など、さまざまな課題が考えられる。各園で課題を整理していく必要があるだろう。

保育者の専門性が問われている

新制度がもたらす課題には、未知数な部分もある。しかし、これまでの議論と批判的意見も含めて、改善点を明らかにし、前にすすめる段階にある。市町村ごとの、粘り強い議論と保育・子育て支援の施策を、地域社会の側から、築いて実践していくことである。

その意味では、子どもを社会が育てる、大きな転換点にあると、とらえなおすことができる。その際、保育者の専門性ということが、ますます問われていく。子どもの最善の利益を保障するには、保育実践の場で、専門職として仕事を担っている保育者の存在に、光があてられる方向に向かっていかざるを得ない。なぜなら、保育者は、最もよく子どもの立場を知り、子どもたちと共に、保育実践を創造していける存在であり、保育の営みを通して、保護者や地域の方々とともに、生きがいのもてる仕事をめざしているからである。

では、どのような専門性が問われているのか、二点ほど提起してみたい。

一つは、乳幼児期にこそ、からだ全体を使って、おもいっきり遊ぶことの大事さを確認することである。保育者は、子どもの成長・発達の理論などを学び、保育計画を立案し実践していく。実践したことを振り返り、反省することを毎日積み重ねながら、みずからの保育を向上させていく。

長年、保育者としての経験を踏まえ、保育実践の研究をされてきた今井和子氏は乳幼児期の遊びの意味を、次のように説明している。

乳幼児期の教育とは何か？ 子どもには「出来てもやらせたくないこと、出来なくてもやらせたいこと」があります。一、二歳の子が漢字をそらんじ、犬や猫を「ドッグ」「キャット」と唱える……そうした姿を、「かしこい」とは思えません。乳幼児期には、教え込まれる知識の量ではなく、感動と好奇心に突き動かされ、自分の課題を発見し、その解決に向かって体と五感を精一杯つかいながら、考え行動し続ける力＝学びを喜びとする力を育みたいと願います。私たちの抱える大きな問題、たとえば、人々が平和に仲よく暮らすには、どうしたらいいか、地球環境を守るためにはどうしたらいいかを考えるにしても、人と交わることや自然との触れあいを心地よいと思える感性が、幼い頃に育まれていることが大切です。これらのことを、子どもたちは夢中になって遊ぶ中で身につけていきます。

（今井和子・福井市公私立保育園保育研究会『遊びこそ豊かな学び――乳幼児期に育つ感動する心と、考え・表現する力』）

保育者は、乳幼児期の遊びの意味を、共感をもって受けとめることができる、子どもにとって一番身近にいる存在である。毎日、豊かな保育実践を創造しながら、子どもの真の願いをつかみ、よりよい保育環境、あるべき姿を、地域社会へ明らかにする責任がある。子どもたちにとって、最も必要なことは何か。そこを、常に考え、社会に向けても発信していってほしい。それが、保育者が発揮する専門性の中心課題の一つだと思う。

そして保育者は、子どもを対象とした専門職であることから、かぎりなく人間を尊重する視点を持つことが大事だと思う。人間一人ひとりが尊厳を持つこと、この点を深くつかむことは、そうたやすいことではないが、研修を重ねるなかで深めてほしい。

特に、私たちが考える時の基盤として、歴史や憲法の理念を、深める必要があるのではないだろうか。

法学者である小田中聰樹氏の、「歴史に学び希望を語る」という講演（宮城県名取市で開催された第五四回日本保育学会）内容に学びたい。

私たちはいま混迷する時代の中にあって、どう解決していくかを考えるときに、やはり原点に立ち返って、人権、民主、平和、福祉、連帯という基本的な価値を見失うことなく、解決方向を模索すべきなのです。いたずらに競争をあおり、弱者を切り捨てることには、未来もなければ希望もない。そのことを、歴史的結晶である日本国憲法、およびそれを踏まえた日本国内外の人々の営みが実証していると考えます。私たちがそういう道を自覚的に選び取るかどうか。まさに現代は、その意味では岐路に立っていると思います。ここに未来がかかっていると思う。

私は教師ですので、ときどき学生にいろいろなことを言うのですが、教育とは希望を語ることだという、ある詩人の言葉があります。二十世紀のフランスの詩人アラゴンの詩の一節です。「教えるとは希望を語ること、学ぶとは誠実を胸に刻むこと」――私はこの言葉が好きで、学生にも紹介するのですが、この言葉に託しながら改めてここで述べたいと思いますのは、保育を含めてですが、教育とは希望を語り、希望を育てることだ、ということです。希望を語るためには、私たちは本当に賢くなければなりません。いま私たちは岐路に立っていますが、それにつけても、賢い選択をしなければなりません。もし、選択を誤りますと、私たちはもはや希望を語ることができなくなってしまいます。

（小田中聰樹『希望としての憲法』）

保育者が問われる専門性について、二つの視点を述べてみた。

子ども・子育て支援新制度の開始にあたり、保育関係者の英知を結集して、子どもにとって、最善の利益の保障をめざしたい。その際、子どもとともに成長していける保育者が、自分の立場を自覚し、親やおとなたちの、つながりを広げていく力を発揮してほしい。

第5章

子どもを社会が育てるために

子どもを社会が育てる三つの鍵

子どもを社会が育てるには、三つの鍵がある。

一つ目の鍵は、子どもを育てる親を、社会全体の力で、支えていくことである。子どもは、子どもたちのなかで育っていく。そして、親も仲間たちと共に育ちあえる。「子育ては親の自己責任」などと親子を孤立させずに、身近なところから、手をつなぎあってほしい。第1章、第2章で述べてきたように親たちへの心からの応援メッセージを届けたい。

私は、いつの時代でも、子どもがおもいっきり遊べるように、という願いをもっている。それを、おとなたちが保障する努力を重ねること、ここに、子どもを社会が育てる二つ目の鍵がある。あらためて、おもいっきり遊ぶ意味を、考えてみてほしい。

三つ目の鍵は、乳幼児とかかわっている保育者への応援である。保育者の労働現場はかなり厳しい。あまり知られていない現状を直視し、飛躍的に改善することをめざしたい。社会は、厳しい中で奮闘する保育者の、生きがいを求める姿を見つめてほしい。

保育者の仕事は、親の労働や生活を支え、子どもの成長・発達を保障することである。そして、安心できる子育ての砦、広くは地域社会を築く専門職でもある。その社会的地位の向上をめざしたい。

いま、三つの鍵を求めながら、おとなたちが「保育とは何か」を、正面から問い直し、できることから、力を尽くしたい。子どもたちは、いまも将来も、日本社会そのものである。

保育・子育ての意味と遊び

保育をすること、あるいは子育てには、どのような意味があるのだろうか。子どもを危険から守り保護すること、健やかに成長・発達できるように、食事を用意したり、着替えをさせたりすること、年齢の特徴を踏まえて、おとなの側から働きかけることがたくさんある。おとなが、その子の持ち味を発見し、引き出すということも含まれる。保育や子育ては、片時も休みなく営まれる行為である。大きな意味では、次の世代を育て、引き継ぐ仕事でもある。子どもを保育するということは、人間が人間を育てる、教育という営みである、と言い換えてよい。そのあり方は、社会全体で責任をもって考えなければならないことだ。

そして、保育や子育ては、保育園、幼稚園、家庭など、さまざまな場所でおこなわれている。特に乳幼児期は、人としての土台づくりをすすめることが大事な時期であることが確かめられてきた。この大本にある考え方は、子どもが体をたくさん使って、力いっぱい遊ぶことが肝心だということだ。乳幼児期にこそ、からだを使って、おもいっきり遊ぶ経験をたいせつにしたい。

遊ぶ、ということでは、おとなと子どもとでは、意味する内容が少し異なっている。おとなは、日常の忙しい仕事や生活から逃れて気分転換をする際に、このことばが使われる。たとえば、週末に映画鑑賞や登山などを楽しむ、レクリエーションといってもよい。おとなは、意識的に時間を確保して、遊ぶ、ということになる。それに対して、乳幼児期の子どもは、遊ぶことが自体が、毎日の生活だといえる。いつも、自分から興味・関心のあることに向かっていき、いわば自発的に遊んでいる。

ところが、である。遊ぶことが毎日の生活だ、といえるような最近の子どもたちだろうか。ほんとうに、子どもたちは、全身を使って十分に遊んでいるといえるのだろうか。

どうやら、時代と共に、遊ぶことの意味や内容が大きく変わってきたようだ。このことを考えるために、まず、乳幼児より大きい小学生ぐらいの子の、遊びについて考えてみたい。どのように、遊びが変わってきたのか、過去を振り返ってみたい。なつかしい昔を取り戻せばよい、ということを言いたいのではない。こんな子ども時代が、わりと最近まであったということを、まず知ってほしい。そこから、子どもやおとなにとって、遊びの意味することを考え合いたい。
いま、おもいっきり遊べる広場を、地域に創りだしていきたい。

かつて、地域は遊びの広場であった

半世紀近く前(一九六〇年代)のことになるので、多くの方々にとっては、当時の子どもたちの姿を想像することはむずかしいだろう。でも振り返ってみると、意外なことに出会うかもしれない。現在、六〇代前半のおとなたちの、子ども時代の経験ということになる。東京都心から西へ二時間くらい離れた郊外での話である。

小学生の子どもたちは、学校が終わってからも、日が暮れるまで遊び呆《ほう》けていた。遊び呆けるとは、時を忘れ夢中になって遊びこむ、ということばである。

平日はもちろんだが、休日ともなれば、いつも群れて遊んでいた。たいがい一〇人前後くらいの遊びの集団があった。たがいに陣地を決めて「おいとばしっこ」(追いかけるという意味)といって、歓声をあげながら、近所を汗だくになって走りまわっていた。おそらく周りのおとなが見たら、「まったく何をしているのやら、うるさいものだ……」ということになるだろうか。

もっとも、おとなたちは、そんな子どもの様子には、関心がなかったのかもしれない。

夏休みには、朝から多摩川の河原で遊ぶ。家に帰り昼食をとると、すぐにまた河原へひきかえし、午後もずっと川で遊ぶ。橋の上から川を見て、あの岩からは飛び込んでも平気だとか、あそこは浅いから渡っても大丈夫だとか、大きい子にいわれながら、どの子も向こう岸まで歩いて渡った。そんなに危ないところはなかった、と記憶している。疲れてくると、河原へ座り込み、石を高く積み上げて、それをめがけて石を投げる。その山を早く崩したものが勝ち、という遊びであった。夏は日が長い。でも、さすがに疲れて、川から引き上げてくると、農家のおじさんが、スイカを出してくれた。一息入れてから、今度は裏にある小さい山で「せんそうごっこ」だといって遊ぶ。棒を持ちながら、「ちゃんばら」をするわけだ。

ちゃんばらに飽きると、今度は野球である。野球といっても、ゴムボールを手で打つ「三角ベースボール」で、ぼろきれを広げたホームベースの他に、厚い段ボールのような紙をたたんだベースがあるが、一塁と二塁しかない。スイカをくれたおじさんが、たまに仲間に加わることもある。でも、ほとんどは子どもだけでおこなう。子どものチームなのに、監督や審判、コーチもいて、まさに真剣勝負であった。手の込んだ遊びが、ほかにも幾つもあった。近所の庭に穴を掘り、空き缶を埋め込む。地面から空き缶がはみでないように、土をならしたりする。

ミニではあるが、ゴルフコースを自分たちでつくるのである。大工さんから角材をもらって、人数分のゴルフクラブをつくる。クラブも完成し、いよいよ始まるかと思うと、「もっと別のコースが必要だ」といって、となりの家の庭に、穴を掘り空き缶を埋める。この遊びは、中学生くらいのお兄さんが指導し、むずかしいから小さい子は仲間にいれてもらえず、うらやましそうに見ていた。五、六年生たちは、おとなに近づいた気持ちで、誇りに感じていた遊びである。

それ以外にも、近くの路地裏で、石蹴り、くぎとし(くぎを地面にさす遊び)、ビー玉、ベーゴマ、めんこで遊ぶ。雨が降れば、倉庫に入りカルタ取りや将棋で一日中過ごしていた。ときどき紙芝居がやってくるのも楽しみであった。小銭を手にして道端に集まり、おじさんから水あめかガムをもらい、人気の「黄金バット」などの紙芝居を夢中で観ていた。

春や秋には、神社の祭礼がある。祭礼が近づくと、数か月前から、「てんつく、てんつく、てんつく」と早朝から、お囃子《はやし》が聞こえてくる。早く日曜日にならないかなあと、そればかり考えて学校へ向かう。土曜日の夜は、翌日のことを考えると眠れない。翌日、明け方からそわそわとしている。ごはんを噛まず流し込むようにしておなかへ入れ、山車《だし》小屋まで飛んでいき、太鼓をたたかせてもらう。ふしを覚えるために、食事中にまで、はしをバチにして「てんつく、てんつく」と食卓をたたいて、親に叱られたものだ。

こうして一年中、とにかくよく遊んだ。いつも、群れをなして動いていた記憶がある。そして、どの日も、夕方になると、「〇〇ちゃーん、ごはんになるよう……」「どこ行ってたのう、まったくもう……」という母親たちの声が聞こえてくる、あるいは近所のおじさんから「おい、おかあ(さん)が、呼んでいたぞう」と言われ、家に帰ったものだ。

こんな遊びの日々は、小学校六年生頃まで続いた。そのうち、テレビが普及しはじめる。初めの頃、子どもたちは誰かの家にあつまり、そこでは近所のおとなたちまでも見入っていた。東京オリンピックや、相撲、プロレスなどに夢中であった。

一九六〇年代初めから五〜六年間頃の、東京郊外の思い出である。

ひたすら遊ぶ、子どもの時間を考える

その後、子どもたちの遊びについて、さまざまな指摘がされるようになった。遊びをリードしていたのは、小学校の高学年か中学生のお兄さんたち、いわゆる「ガキ大将」といわれた者たちであった。そして、このような光景は、東京郊外だけのことではなかった。この時期(一

九六〇年代)、児童期の子どもたちは、群れて遊んでいて、十分にからだを使って、助け合ったり、大きい子の真似をしたりしながら幅広い経験をしていた。特に年齢の異なる子の混じる集団が、積極的役割を果たしたといえる。

子どもたちは、こうした遊びのなかで、どんな力を身につけるのだろうか。身につけるというよりも、先ず遊ぶことが楽しくてたまらない。スリルがある遊びに挑戦しながら、考え、工夫していったのだと思う。子どもたちは、遊びの仲間として、たがいを大事にしなければ、という気持ちがあった。こんなによく遊んだのは、おとなからみても、ゆっくりとすすむ、子どもの世界、そうした時間があったからだろう。

子どもは、子どもたちの中でこそ育っていく。それには、たっぷりとした時間の流れが必要だ。挑戦し、失敗し、それでもくじけずに、チャレンジしていく。けんかをすることも少なくない。でも、けんかをすることを通して、自分や相手のことを考える。時として、失敗して気持ちが落ち込んでしまうこともある。それでも、立ち直り、前にすすんでいく。何よりも、こうした遊びを可能にする、広場(空間)もなければならない。

一九七〇年代にも、遊び場はまだのこっていた。それに子どもたちには、時間があった。でも、家の用事もけっこうあって、それが遊びの妨げになったという思い出もある。言いつけられる用事で多かったのは、買い物である。ビンや鍋を持ち、買い物に行かされる。醬油を買ってから、とうふと油揚げを鍋に入れてもどってくる。もちろん、弟や妹の面倒を見させられている子もいた。仕方なく、弟や妹も、自分の遊びにつれていくのである。

半世紀前の、小学生くらいの子どもたちの姿の一部は、こんな感じであった。ひたすら遊ぶ。この中でこそ、さまざまな力を身につけることができた。子ども独自の世界、子どもの時間が貴重であることを、時代が経過する中で痛感させられる。

時代は、八〇年代へとすすむ。いわゆる高度経済社会といわれた時代を経て、先のような子どもの遊び、生活ぶりも、しだいに様変わりしていった。特に、子どもの目から見たときに、遊びの場所が激減していった。そして、時間も奪われてしまった。もちろん、子ども自身は、日々、成長していくのだから仲間とも離れていく。そうした個人レベルのことではなく、異年齢の集団が形成されること自体が、なくなったといえるだろう。

当時の乳幼児期の子どもたち

さて、小学生たちが、外で元気いっぱいに走り回っていたころ、もっと幼い乳幼児たちは、どのような様子であったのだろうか。中学、高校生くらいのお姉さんが、赤ちゃんを背負っている姿が見られた。でも、お姉さんたちも、昼間は学校があるので、その間は、母親が交代した。また、祖父母が世話をする家庭もあった。さらに、保育園や幼稚園で過ごす幼い子どもたちもいた。乳児からの保育、まして産休明けからの保育などは、ごくわずかな例であった。園で過ごしている幼児たちも、今日のように、長い時間、保育を受けていたわけではなかった。両親が共に仕事をし、子どもを保育園に預けるという家族は、まだ珍しかったともいえる。

この時期に、保育園や幼稚園がどのように存在していたかは、地域によりさまざまな違いがある。一九六〇年代後半、高度経済成長社会に突入していくなかで、共働き家庭もしだいに増えていく。都市部では、「ポストの数ほど」と保育園の必要性が叫ばれ、あちこちに保育園が、そして幼稚園も増えていった。母親も仕事をするためには、子どもを預ける保育園が必要で、しかも、まったなしの状態から保育園を建設する運動が広がっていった。そのなかには、無認可の共同保育所もあった。無認可なので経済的には厳しく、バザーなどをおこない運営するための財源を確保しなければならない。その苦労の中で、子どもを共に育てようという理念が築かれていった。また、親たちの声に押されながら、市町村が予算を確保して園の建設をすすめる自治体も増えていった。団地の自治会、あるいは農協などが中心となり保育園をつくってきた地域もある。都市、農村を問わず宗教者などが子どものために私財を投じ、私立の保育園や幼稚園をはじめる善意の方々も多くいた。

こうした中で、乳幼児期の子どもたちが、昼間に生活する場所として、保育園や幼稚園の存在が定着しはじめていった時期ともいえる。その頃の、園の様子を写真集などで見ると、とてもたくさんの園児たちが過ごしていることがわかる。園側は、とにかく、受け入れるだけで精一杯であったのだろう。

しかし、親たちにとっては、はじめから子どもを安心して預けられたわけではなかった。政府も、保育園が「育児放棄の道具」になっているなどと、親を攻撃する面があり、保育予算の確保も容易ではなかった。また、「三歳までは親の手で育てるべき」という考え方(三歳児神話)も根強く、仕事を持つ母親は、肩身の狭い思いをしながら、保育園にわが子を預けて職場へ向かった。

しかし、女性たちは懸命に働いた。女性が働き続けることと、安心して子どもを産み育てる課題は、いずれも重要であることが、徐々にではあるが、認められてきたのである。

こうして、一九八〇年代前半までに、全国各地で公立・私立の保育園、幼稚園が広がっていった。

保育園、幼稚園の工夫

保育園や幼稚園が増えていったが、先に紹介した小学生たちの遊びの環境は、大きく様変わりしていく。かつて遊んだ路地裏がなくなり、区画整理でバイパス道路が走るようになった。畑は宅地に変わり、急ピッチで住宅建設が進む。多摩川沿いにも、河原を見おろすマンションがいくつも立ち並ぶ。河川も、ダンプカーによる砂利採取などで、安全に遊べる場所が減っていった。工場排水による汚れも社会問題となるなど、のどかな自然環境が壊され、子ども心に悲しさがこみあげてきたものである。

その後、自然を守る人たちの声をもとに、行政、住民が一体となった運動もあり、河川の浄化をすすめることができた。時を経て、週末に親子が遊べる場所として復活してきたのは、うれしいことである。

小学生の子どもから見て、環境は大きく変化し、遊びも変わらざるを得なくなった。ダイナミックな外での遊びは、すっかり減ってしまった。地域により変化の速度はちがっていても、異年齢の子どもたちが群れて遊ぶ姿は、ほとんど見られなくなってしまったのである。

では、そのことと、保育園や幼稚園での保育内容とは、どのような関係があるのだろうか。

実は、保育関係者たちは、地域社会の環境が大きく変化し、学童期の子どもたちが遊ばなくなった（遊べなくなった）ことに、気がつきはじめていたと思う。自然とのかかわりが減少していくことや、仲間たちと冒険、いたずらを重ね、からだを使って経験を広げることが少なくなっていることを「心身の発達上、問題なのではないか」と直感していた。そんな心配から、乳幼児期からの発達の科学を学び、年齢に応じた発達の特徴を踏まえて、保育の実践を検討していったのである。

こうして、一九七〇〜八〇年代には、新しい保育の理論が生みだされ、さまざまな保育実践がおこなわれていった。もちろん、保育園や幼稚園での保育内容は、園によって違い、特色をもっている。でも、各園が、たいせつにしようとしている保育内容の土台には、かなり共通した考え方を見出すことができる。

子どもたちが、身近な自然や社会の出来事に興味や関心を持ち、からだを使って直接的な体験を広げていくこと、乳幼児期にこそ、力いっぱい遊び、心身の成長・発達を促す保育をすすめていくということである。

そして、保育園、幼稚園の中だけではなく、地域社会のあり方にも目を向けた保育に力を入れていくことになる。

子どもたちの遊びに変化——不登校などの現象も

一九八〇年代以降の子どもの遊びには、以前とは異なるさまざまな変化がおこってきた。自然が豊富な農村地域でも、子どもたちは、野山で遊ぶよりファミコンなどの遊びに夢中になった。テレビの長い視聴時間が話題になった。いわゆる「遊ばない子ども」「遊べない子ども」などといわれ、そのことから、遊びの大切さと生活に必要な技能との関連が問題にされた。たとえば、学校の掃除で雑巾をしぼれない、ナイフで鉛筆が削れない、包丁でりんごの皮をむいたことがない、はしを正しく持てないなど、子どもの姿がとりざたされた。人間は、生物進化の産物として直立二足歩行を獲得し、手指が自由になったが、こうした人間本来の特質が後退することになるのではないか、などの議論がされた。しかし、子どもたちの家庭生活は、当時でさえ、手やからだ全体を使っておこなう作業や手伝いなど、いわゆる家事労働自体がなくなっていったのである。こうした子どもを取り巻く環境との関連からみても、子育てや保育のあり方が問われてきたと思う。それから一〇年、二〇年を経てもなお、人間としてのあり方として、問い続けられているテーマである。

学校へ行くことができない、不登校の現象も、この頃から見られるようになった。

この問題は、個別事例を検討してすむ課題とはいえない面もある。しかし、敢えて個別な具体例から考えてみたい。なぜなら、私自身の身近におきた出来事があり、学校へ行けない子は社会性がないからだという考え方や雰囲気に、強い違和感を覚えたからである。家族に不登校の子がいる苦労や思いを考え合いたい。そこには、日常の保育や子育てにもかかわる問題がたくさん含まれている。

理由はよくつかめないが、学校に行けなくなる。そのことから、仲間に入れなくなり、いじめにつながることもある。おとなたちは、学校や子どもをどう見たらよいのか。むずかしい応用問題を提示されたといえる。この中から、試行錯誤を重ね、いまある学校とは違うフリースクールという新たな試みも生まれていった。不登校の問題は、子育ての毎日と、学校自体のあり方を問う教育問題にもなっていったといえる。

私には、不登校の背景や要因を知ろうとする努力に、かなり力をさいてきたという思いがあるが、いまだに十分にはつかめない面がある。しかし、保育・子育てを考える時、不登校は大きな課題の一つである。迷いながら気づいたことを、親としての身近な経験から体験的に述べてみたい。

長女は、中学へ入ってからだが、はじめは数日間、そのうち一週間、二週間、数か月と、長く休むようになった。狭い地域社会に暮らしながら、わが子が学校へ行かないことは、親として、うしろめたい気持ちであった。ほとんどの生徒が学校へ通うのに、なぜわが子だけが行けないのか、とても苦しい出来事であった。いや、ほんとうにつらいのは、本人であっただろう。だが、本人の心情にまで考えが及ぶのは、相当な時間が経過してからであった。保育園長をしていた私にとって、自分の子が学校へ行かないことを、園の保護者はどう見ているのか、子どもが学校に行かないことをどう釈明すればよいのか、子育てについての自分の基本的考え方は、間違っていたのではないか、こんなことでは、園長職として失格ではないかなどと、悶々と悩み考える日々でもあった。

ところで、保育実践の場で、子どもが、スムーズに次の行動へうつろうとしないことがある。どうしたらよいのかと、職員と時間を費やして話し合うことも、しばしばである。たとえば、一、二歳児の生活習慣の自立への道のりは、果てしなく長いと思うときがある。排泄の自立について考えてみよう。おむつをつけている子が、（おしっこがしたくなったという）排泄の感覚がわかるようになり、保育者に促されながら、トイレに行くようになる。だが、トイレに行くことをこらえていて、ついにがまんしきれずに、失敗をしてしまうことなどは、よくあることだ。

友達がトイレに行くのを見たりしながら、ようやく「自分で、行ってみよう」と考える。そうして、なんとかおむつを卒業して、できるようになる。ところが、おむつをはずしてから、また、元のように失敗してしまうこともある。こうして、行ったり来たりしながら、排泄の自立という生活習慣を獲得していくことができる。振り返れば、せいぜい数か月や、半年程度なのだが、排泄の自立への道は、はるかに長いと感じてしまったのである。

こうした保育実践の場で大事にしていたのは、期限をつけて待つのではなく、「子どもが、自分から、その気になるまで、待ってあげよう」ということであった。それは、とても粘り強い保育者の姿勢であった。そして、職員間で議論を重ね、子どもの気持ちへ寄り添いながら待っていてあげるとき、自分から次の一歩へすすむ姿に出会えるのである。

保育・子育てには失敗もある

ところが、職場での保育に関する議論と、親としてのわが子への姿勢は、矛盾してしまう。私は、保育園では、こうした辛抱強さを持てるのに、学校へ行きたがらず、不登校で休んでいるわが子に対しては、この視点をもつことが、ほとんどできなかった。職場である保育園における自分と、家庭に帰って父親としてふるまう自分とで、考え方や対応の仕方に一貫性がまるでない。それは、なぜだろうかと、悩む日々でもあった。

そんな時、フリースクールの先生に、すがるように相談したことがある。退職された先生方が、献身的に始めた子どもたちの居場所である。そして、児童相談所の専門家のアドバイスも受けた。そうした方々に共通する助言は、休んでいる本人の側に立つべきだという内容であった。しかし、私の中には、受け入れられない何かがあった。それが何であったのか、いまだにわからない。

そんな繰り返しの末に、気持ちの上でだが、わが子への押し付けを反省することにした。いや、反省ということばよりも、諦める気持ち、という方が近いかもしれない。もちろん、完全に諦められるかどうかはわからない。でも、これは、どうしようもないことだと、身を引くしかなかった。親子関係は、ずっと続くのだからと。

つたない経験を通して辿りついたのは、次のような、きわめて普通の考え方であった。


子どもが、どう生きるかは、子ども自身の人生であり、自分で決めることだ。おとな(親)は、子どもに代わって生きることはできないが、援助する責任や義務はあるから、可能な限り、応援することはできる。保育や子育ては、人間対人間の営みであり、迷い、ぶつかり合いは、あって当然なことかもしれない。しかし、生あるかぎり、それぞれが選択している親子関係である。この関係は、迷いながら、一生、続いていくのである。

どこかに書かれているような、ごく平凡な表現ともいえる。ただ、ここまで達するのに、ずいぶん時間を費やしたように思える。個人的な経験からだが、不登校には、幅広い課題があることを痛感してきた。わが子であっても、他人の子であっても、毎日のかかわりは、迷いや悩みの連続の日々である。

保育や子育ての営みを考えるとき、ゆったりとした時間の流れが必要ではないか。そこには、子ども、おとな共に、失敗を重ねながら自由に育ち合える、生きる時間が、必要なのではないだろうか。この時間の中で、子どもは、人とかかわりながら、心身を使い、おもいっきり遊ぶという経験が重要になるのである。特に、乳幼児期の保育の場こそ、それが保障されるべきことだと考えている。

SNSやデジタル機器の普及を考える

乳幼児期にこそ、心身を使っておもいっきり遊ぶことの意味を考えてきた。

二一世紀を迎える前後から、この十数年間で、子どもの生活環境、教育現場、遊びの場面には、さらに大きな変化が加わってきた。

特徴的なことでは、SNS（ソーシャル・ネットワーク・サービス）やデジタル機器の急速な普及を挙げたい。小学生は、携帯電話のメールをはじめデジタル関連の機器をたやすく使いこなせるようになっている。学校の授業で、タブレット端末の導入もすすんでいる。

最近では、乳幼児保育の実践現場においても、さまざまな機器が導入されはじめた。家庭で、誕生日プレゼントとしてスマートフォンが渡され、二歳児がアプリで遊ぶという報道もあった。生活習慣のしつけをおこなうアプリも登場しているようだ。

こうした現象を、どうとらえたらよいのだろう。もちろん、技術革新の成果による機器が、ハンディのある人への学習支援の分野などで貢献している事実もある。それらを踏まえながら、いくつかの課題を考えてみたい。

SNSを駆使することで、遠方の人ともスピード感のあるつながりができ、視野が広がる。こうした機器を使いこなせることは、子どものみならず、おとなにとっても、興味や関心があり、積極的に受けとめることができる。

しかし、同時に注意すべきことも多いのではないか。インターネットによる犯罪が増え、自分を守るためには、公開したくない個人情報は細かく書き込まないことが大事だといわれている。また、特定の人への誹謗や中傷は、明らかにマナーに反する行為である。不確かな情報を広げないことや、他人のプライバシーに配慮せず、無断で写真や情報を流すことなどには注意しなければならない。スマートフォンなどは、中・高・大学生など、若い世代の所有率はかなり高い。しかし、所有していない場合もあり、教育現場では配慮が求められる。

このように、子どもはもちろん、私たちおとなも、SNSなどに関する基本的認識をもてるような取り組みが独自に必要である。こうした点を踏まえ、日常生活における利便性が追求でき、広い世界へとつながることができる技術の成果は、活かしていきたい。

SNSの普及によるプラス面はある。同時に、人と人とが直接的に気持ちを交流する大切さも見直していきたい。以前と比べて、手紙や電話でのやりとりは少なくなった。しかし、人と人とが、ことばをやりとりすること、会話をすること、目と目を見て心を通わせることなどの意味を確かめたい。考えてみれば、こうした直接的なコミュニケーションは、保育や子育ての原点である。抱かれた乳幼児が、親にさまざまなサインを送っているのに、親は携帯の画面にばかり見入っている様子を目にすることがある。確かに生活におけるもはや必須の道具ではある。しかし、子どもの目を見て、願いや気持ちをつかんでほしい、そうした機会を意識してつくってほしいのである。

さらに、乳幼児期の子どもたちには、成長・発達の課題から見て、機器を与えること（あるいは与える時間の長さ）自体について、慎重に考えるべきだと思う。〇〜二歳児のメディアに接触する時間が、五年間で増えているとの調査がある。たとえば、一歳児がビデオ・ＤＶＤを合わせて一日に見る時間は、平均三六・九分（二〇〇六年）から平均五三・九分（二〇一一年）へと増加してきている（ベネッセ教育総合研究所「第二回妊娠出産子育て基本調査報告書」〔二〇一二〕より）。

乳幼児期に、こうした機器を使う時間が生活の時間の多くを占め、からだを使って力いっぱい遊ぶことが減少していくとしたら、とても問題だと思う。

時代の進歩とともに、生活のあらゆる場面が機械化され、生活に欠かせない道具として親が用いているのだから、子どもが手にしたくなるのは驚くことではないだろう。しかし、おとなたちは、ここでひと踏ん張りして、与え方を考えてほしい。

乳幼児期にこそ、ゆっくりとした時間の流れが必要なので、おもいっきり遊び、一人ひとりの成長・発達を保障することをめざしたい。特に乳幼児期に、遊びの中でこそ確かな学びの土台が形成されていくと考えてほしいのである。

労働の現場としての保育

保育園や幼稚園の全体像については、第2章において説明した。では、そこで働いている保育者たちの置かれている日々を考えてみよう。

乳幼児たちが、毎日通う保育園や幼稚園。園で保育する専門家のことを、保育園では保育士、幼稚園では幼稚園教諭と呼ぶ。これが正式な職名だが、共通して指す場合には、保育者と表現することが多い。

保育者たちは、保育という労働の現場において、なくてはならない専門家として活躍している。この姿を、具体的に見つめていきたい。

ある保育園の一日を、保育者の仕事の目を通して、たどってみよう。

保育者が早番勤務で出勤すると、玄関や保育室を開け、室内の空調を点検する。園庭や周辺には、危険なものはないかと気を配る。やがて、最初の子どもたちが来る。挨拶をし、親から家庭での様子(休み明けで疲れ気味であるとか、楽しい経験をしてきたなど)を手短に聞く。家庭からの連絡帳に目を通す。乳児の場合、親に検温をしてもらい記入。親から担任保育者、園への伝言を聞くこともある。朝の時間は、クラス毎に子どもを受け入れる場合と、年齢の異なる子どもたちを受け入れる場合とがある。だから、子どもの様子を保育者同士で伝えあわなければならない。短い時間の中で、てきぱきと仕事をこなしていく。早い時間の保育や夕方の保育（早朝保育、時間外保育、延長保育など）の場合、時間外勤務を専門とするパート職員が加わることもある。

子どもたちが全員そろうと、クラスでの保育が始まる。

散歩にいく、あるいは室内で活動をするなど、その日の計画に沿って保育をすすめる。食事の時間になれば、給食を用意する。子どもが準備をしながら、保育者も一緒に食べる。年齢の低い子の場合は、食べさせてあげたり、自分で食べようとするのを励ましたりする。食事は、一日の生活では大事な時間帯であり、楽しいひとときである。でも、〇歳児の場合、途中で眠くなってしまうこともあるし、おむつを替えてあげながら、ちらかった残飯のかたづけもしなければならない。食事を終えて、排泄、着替え、昼寝の用意をしなければならない。昼寝前に、絵本や紙芝居を読んであげたりもする。食事から、眠りに入るまでの間、保育者たちはせわしく動きながら、必要なことをこなしていく。乳児クラスの場合には、子どもがねむっている間に、自分の食事をすませる場合もある。子どもの睡眠状態を一定時間おきに点検もする。そして、全員の連絡帳に記入する、保育者間のミーティングもおこなわれる。さて、一定時間が過ぎると、子どもたちが昼寝から目覚めてくる。排泄や着替えなどと続き、室内で少し落ち着いて遊べる時間でもある。やがて、全員がそろいおやつを食べる。夕方、帰る時間になる。持ち物を整えて、帰りの挨拶をする。

夕方の長時間保育で過ごす子どもたちを保育する場合は、遅番の勤務である。出勤時間は遅いが、最後の子どもが帰るまで保育に責任を持つ。日中のクラス担当ではない子も含めて、保育をするのである。

保育園の場合は、一日のうちで一一時間から一二時間の開所時間が求められている。幼稚園でも、昼間の保育の後、夕方までの預かり保育を、大部分の園がおこなっている。

子どもが帰ってからも、保育者たちには、まだ仕事が残っている。保育の日誌を記録すること、指導計画を立てることや教材の準備などである。保育に必要な話し合いも欠かすことができない。ただ、子どもが長い時間、園にいるので、全職員が集まり職員会議を持てるようにするのは、容易なことではない。

このように、乳児から就学前までの子たちが、長い時間、保育園や幼稚園で過ごし、専門職としてこの場所を担っているのが保育者たちの日常である。

保育園と幼稚園の一日をおおまかに比較してみると、保育時間では保育園の方が長いが、幼稚園でも、ほとんどの園が夕方までの「預かり保育」をしている。

また、どちらも、子どもの保育のために、必要な打ち合わせや職員会議をする時間を確保することがむずかしい状況にあるだろう。保育園では、時差出勤のために、全職員が揃っておこなう会議は、限られている。保育園、幼稚園ともに、保育時間中の打ち合わせ会議は、短時間しか確保できない。毎日の連絡帳や日誌の記入、保育計画の作成や記入など、記録に関する仕事が多いことも特徴である。

毎日の保育をすすめるにあたり、教材を準備し、研究をかさねる必要があるのだが、時間の確保はかなり厳しい。したがって、保育園、幼稚園ともに、夕方遅くまで残って仕事をすることが少なくない。

次に保育士と幼稚園教諭の労働の現状や課題について、考えてみよう。

保育士の置かれている現状

保育士は、保育園の他にも児童養護施設、乳児院などの児童福祉施設、さらに児童館、学童保育、認定こども園、いわゆる保育ママなど、その活躍の場所が広がってきている。

保育士の役割は、子どもの成長・発達に責任をもつ専門性が要求される仕事である。子どもたちへの働きかけをすすめ、子ども自身の好奇心、想像力に出会う、やりがいのある仕事である。

保育士の資格を取得するには、大きくは二つの方法がある。大学・短大・専門学校へ入学して養成課程を卒業して取得することができる。また、保育士試験を受験して合格することで資格を取得する道もある。厚生労働省の調べによると二〇一〇年度に前者(養成校の卒業)の方法で資格を取得したのは、三万四九六一人(資格取得者の八七%)である。それに対して、後者の方法(保育士試験)による資格取得者は五三二四人(資格取得者の一三%)となっている。

保育士の需要は、女性の社会進出、核家族化を背景にして都市部を中心に保育園が増えてきていることから高まってきている。

大きな問題となっていることの一つは、保育士として働く人がいないという人材不足である。ある調査では、「非常に不足している」(一〇・八%)、「不足している」(二六・二%)、「やや不足している」(三九・二%)で、合計七六・二%の自治体が保育士の不足に悩んでいるという。しかも、保育士不足は、「長期的な課題」という回答が自治体の七五・八%である(厚生労働省委託事業「保育士の再就職支援に関する報告書」二〇一一年度)。

この要因としては、保育という労働の実態が厳しいこと、賃金が他の職種と比較しても低すぎることが、あげられる。労働の実態については、埼玉県保育問題協議会などの協力を得て実施された、健康状態の調査結果を紹介しておく。

保育士たちは、疲れており、二〇％程度が「不調」を訴えていることがわかる。また、仕事が原因でイライラすることがあるかを聞いてみると、六〇％以上が「イライラする」と答えている。保育士のストレスや葛藤については、「処遇の難しい子の問題でのストレス」「親との関係でのストレス」「職場の人間関係でのストレス」「労働条件でのストレス」が目立つと、指摘されている。しかし、「保育の仕事に働きがいを感じているか」という質問では、公立で六二・二％が、私立で六四・三％が、「働きがいを感じる」と答えている(垣内国光編著『保育に生きる人びと』)。

表5-1　平均勤続年数，平均賃金

職種	平均勤続年数	月給(円)
保育士	8.4	220,300
ケアマネジャー	8.1	261,700
各種学校教員	10.1	348,100
高校教員	15.7	446,500
全職種平均	11.9	323,800

厚生労働省「賃金構造基本統計調査」2011年

こうした厳しい労働実態において、どのくらいの月給で、勤務し続けているのだろうか。

二〇一一年の賃金構造基本統計調査では、保育士の平均賃金は二二万三〇〇円(平均勤続年数八・四年)となっていて、他職種と比べても低いことがわかる(表5-1)。

最新の東京都の保育士実態調査についても見ておこう。

保育士の正規職員の平均年収では、「公設・公営」では、三一

表 5-2　東京都保育士実態調査(2014 年)　(万円 (人))

	全体平均額	雇用形態別平均額		
		正規職員	有期契約職員	
			フルタイム	パートタイム
公設・公営	226.1 (1,884)	314.0 (887)	204.8 (380)	112.9 (605)
公設・民営	228.0 (751)	276.7 (484)	200.8 (75)	106.0 (191)
民設・民営 (社会福祉法人)	223.0 (3,163)	269.0 (2,080)	211.4 (256)	107.0 (817)
民設・民営 (株式会社)	178.9 (1,405)	228.1 (765)	213.2 (98)	94.6 (539)
民設・民営 (NPO 法人)	169.2 (245)	234.0 (115)	198.6 (18)	90.3 (108)
民設・民営 (個人)	186.4 (502)	251.2 (250)	198.6 (41)	94.5 (198)

参考：運営主体別・雇用形態別の保育士年収平均額．運営主体に着目しているため，施設類型は混在している
「東京都保育士実態調査報告書」及び保育研究所『保育情報』2014 年 7 月号をもとに作成

四万円で他の運営主体よりも高い。「民設・民営」(社会福祉法人)では、二六九万円、「民設・民営」(株式会社)では、二二八・一万円となっている(表5-2)。

都心部は、他地域と比べて、住居費をはじめ生活を営むのに高額の支出となる。このことからも、保育士の賃金水準は、かなり低いといえるだろう。

保育園の実態として、正規職員と非正規職員の現状が大きな問題になってきている。特に、正規職員と非正規職員の割合が大きく変化してきた。そして、

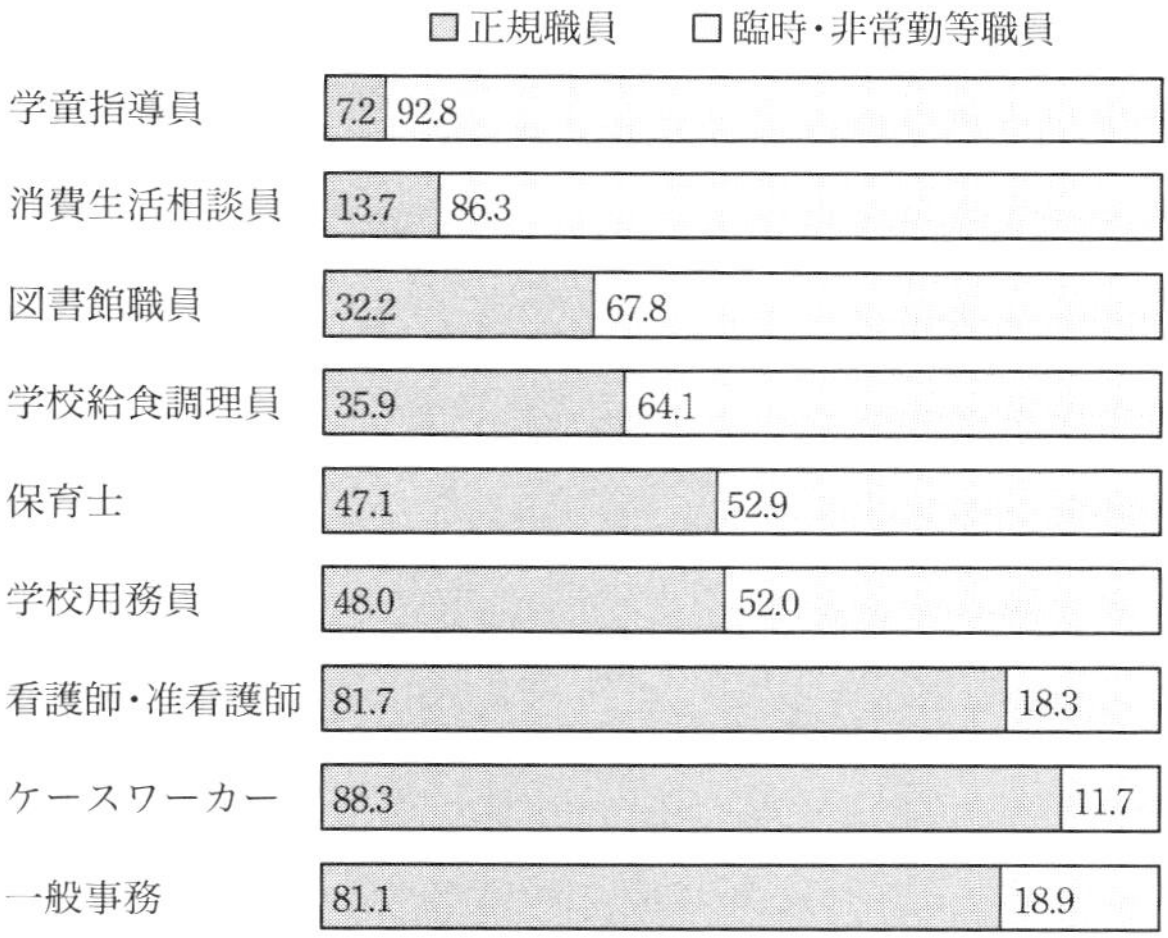

図5–1　公務員に占める非正規職員の割合
自治労調査（2008年）より

この傾向は、他職種と比べても大きい。全日本自治団体労働組合の調査によれば、全体として臨時、非常勤の比率が高まっているが、公立の保育士では四七・一％が正規職員で五二・九％が臨時・非常勤という数値になっている。これは、第2章で述べたように、短時間保育士の導入など規制改革によるところが大きい（図5–1）。

毎日の保育をすすめていくために、保育士の置かれた環境は、改善する内容が少なくないことがわかる。労働条件の改善や、賃金の大幅な引き上げなど、保育士たちの状態を良くすることが、まったなしの課題になっている。

表5-3　幼稚園教諭の平均勤続年数と平均給与

	平均勤続年数(年)	平均給料月額(千円)
公立幼稚園	10.3 (男性 18.2, 女性 9.8)	221.8 (男性 315.1, 女性 215.3)
私立幼稚園	8.9 (男性 18.8, 女性 8.1)	203.6 (男性 318.9, 女性 194.8)

文部科学省「学校基本調査」2012年

幼稚園教諭の置かれている状況

幼稚園教諭は、公立幼稚園と私立幼稚園が職場である。幼稚園教諭は、短期大学または大学の教員養成課程により養成される。

幼稚園教諭として勤務している者は、一一万一一一一人である(平成二五年度学校基本調査)。平均勤続年数は、公立幼稚園で一〇・三年、私立幼稚園で八・九年となっている。給料月額は、公立と私立において、また女性と男性においても、差が開いている現状がわかる(表5-3)。

二〇一二年、幼稚園教諭の労働実態について、全国私立学校教職員組合連合によるアンケート調査がまとめられている。そして同組合は、文部科学省「学校教員統計調査」(二〇一二年公表)、総務省「地方公務員給与実態調査」(二〇一一年度)、厚生労働省「賃金構造基本統計調査」(二〇一一年度)なども活用し、幼稚園教諭の給与比較などを明らかにしている。

また、組合員の労働実態調査をみると、私立幼稚園教諭の置かれた労働実態の厳しさも、ある程度明らかにすることができる。

はじめに、組合員の実態調査から、労働時間と持ち帰り仕事、時間外手当について見ておこう。

一日の労働時間では、「八時間」が一二％、「九～一一時間」が五二％、「一一～一二時間以上」が三六％となっている。持ち帰り仕事は、八七％が「ある」と答えている。しかも一週間のうちの四～七日間と、持ち帰りのある日が週の半分を超えている。さらに、時間外手当は、「支払われている」（一一％）、「支払われていない」（八四％）、「その他」（五％）ということである（同組合の幼稚園教諭の労働実態調査アンケート結果より）。

最近、私も複数の私立幼稚園教諭から、平日も夜九時、一〇時まで勤務しているというのが実態（時間外手当なし）だと聞いたが、これは、改善すべきことである。

文部科学省の公表している「職業別平均給与比較」をみると、幼稚園教諭の給与が、小学校・中学校・高校と比較して低額であることは明瞭である（図５－２）。

このように、保育士と幼稚園教諭はともに、八～一〇年間が平均勤続年数となっており、給与面では、かなり低い実態が浮かび上がってくる。しかも、その他の条件についても、非常に厳しい。そうであるにもかかわらず、仕事にやりがいを見出している保育者が少なくないので

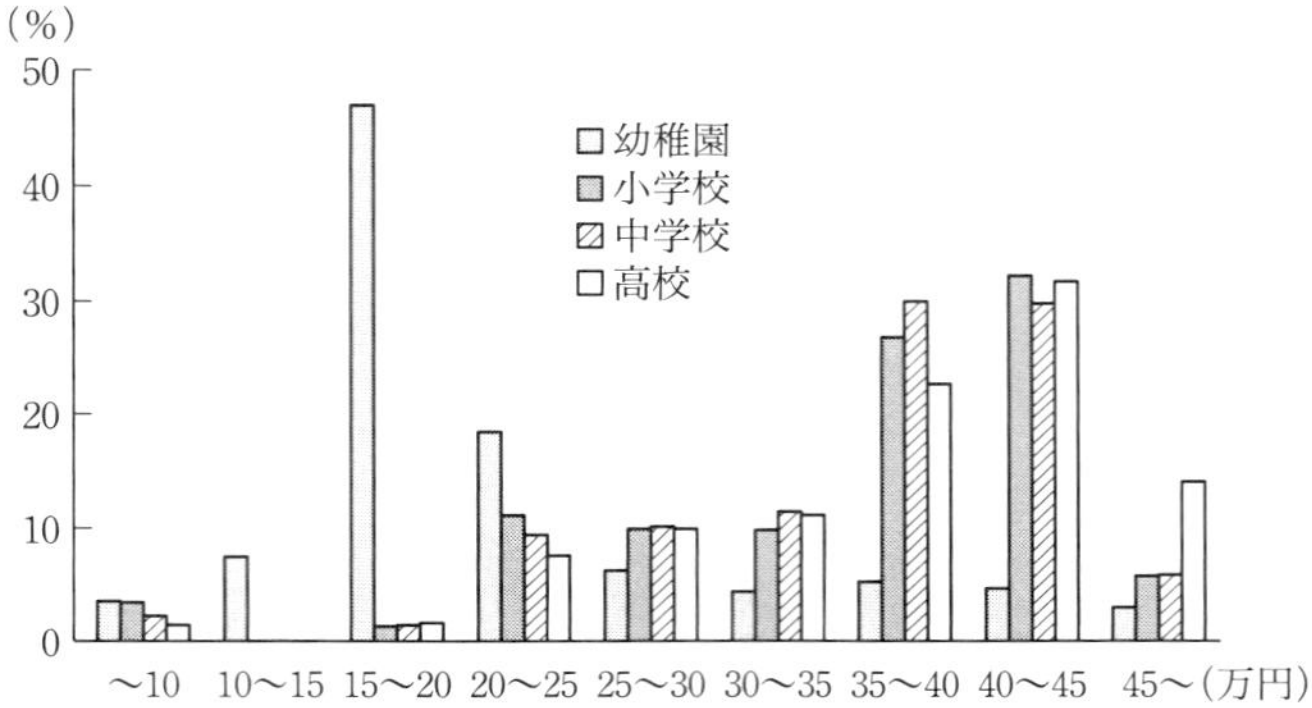

図 5-2　職業別平均給与比較

文部科学省「学校教員統計調査」(2012 年 3 月 27 日公表)

ある。

保育者の置かれている条件を改善するには、保育園、幼稚園をはじめとした保育・幼児教育分野の財源確保を、飛躍的に伸ばす必要がある。保育の根本的な位置づけを見直すことだ。この点は、新制度をめぐる議論でも、保育関係者の賃金・労働条件の低さは話題になってきた。就学前の乳幼児を保育する専門職としての位置づけを、せめて小学校教諭と同一水準に向上させることをめざしたい。なお、新制度における幼保連携型認定こども園(一〇八頁)では「園長および保育教諭」を必ず置くことになっている。保育教諭とは、幼稚園教諭の普通免許状と保育士資格の両方をもつ者としての職名である。

ここで述べてきた保育者の賃金・労働条件の改善は、認定こども園で働く保育教諭を含む、全体の課題だと考えている。

保育者の生きがい

保育者たちは、賃金・労働条件の面からみても、低い状態に置かれてきている。そして、さまざまなストレスも抱えている。しかしながら、保育の職務を、専門性の高い仕事としてとらえているのである。ではどのように、生きがいをつかんでいるのか、経験してきた中から、いくつかのエピソードを紹介したい。

保育者は、乳幼児期の子どもの保育に、毎日、全力投球をしている。

乳児が一歳をすぎた頃、人間としての、歴史的な第一歩、自分から歩きだそうとする瞬間に、出会うことがある。さて、いよいよと、歩きはじめようとするのだが、でも、まだ、だめ……。担任のエプロンをつかんで、なかなか離さない。そして、ついに、歩いた。もう、うれしくてたまらない。「ねえ、ねえ」と、クラスの仲間たちにはもちろん、となりのクラスにも話す。そして、「いまか、いまか」と待ちわびていた母親に、早く伝えたくてしかたない。喜ぶ姿を想像しながら、連絡帳に書く。そして、夕方、「今日、歩けたんですよ」と伝えるとき、保育者としての喜びをかみしめている。

いよいよ卒園していく五歳児たちの表情には、頼もしさがみなぎっている。あと一週間ほどで、園の生活が終わろうとする時、「せんせい、まさこ、なに、なるとおもう?」と耳元でささやかれた。「えっ? なあに、教えて」。でも、なかなか教えてくれない。その間、別の男の子たちが、「おれは、ぱいろっと」「やきゅうのせんしゅ」と大声で、走ってやってくる。それからしばらくして、彼女は「あたしね、やっぱり、いま、おしえてあげる、あのね、ほぼさんに、なるの……」。もう、すべての疲れが、飛んでしまった。「部屋が散らかっている」と、先輩に注意を受けたことも、音楽会でピアノの伴奏がうまくいかなかったことも、すべての疲れが、飛んでしまったのである。古い小さなノートに書いてあるこの出来事。それを読むと、私は二〇代半ばの保育者時代と、この場面を、すべて思い出すのである。

「もう、仕事に疲れてきて、どうしたら、いいんでしょうか?」と、勤務してから数年目になる保育者から相談されたことがあった。よく聞いてみると、遅番勤務で、自分が保育に入ると、ふだん保育をしている子ではないので、大声で泣かれてしまう。しかも、その子(乳児)は一番遅くまでいて、お母さんが迎えに来るころ、決まって便をすることが多く、取り替えるという。彼女自身、昼間、その子の様子を同僚から教えてもらったり、ずいぶん、努力をしていることを知った。

しばらくしてから、また電話による連絡があった。心配になったので、こちらから、彼女の話を聞きに出かけて行った。実は、そのお母さんが「この園で、延長保育をしてもらっているので、なんとか教員を続けているんです」と走って迎えに来て、早口でまくしたてたとのことである。彼女は、遅番勤務をする疲れも忘れてしまったという。そして、二人して涙ぐんだ、ということだった。

毎日の保育者の仕事は、小さな、目立たないことなのだが、その保育が、働いている親を支えていることが、わかったのだと思う。

保育者が、専門職としての仕事の意味を振り返れるのは、子どもや親たちと、心から、つながり合える時ではないだろうか。

園長の職務の偉大さ――子ども・親・職員のために

保育園、幼稚園には、園長先生がいる。しかし、その職務については、あまり知られていないのではないだろうか。子ども、親、職員、そして、近隣のことなどに、いつも気を配って、過ごさなければならない。外からは、少し時間がありそうに見えるかもしれない。しかし、何か事が起こった時に、いきなり存在が注目されたりもする。

実は、園長職とは本当に厳しい職務である。

ある幼稚園長が登場するフランス映画のことを紹介したい。男性幼稚園長ダニエルが主人公のフランス映画『今日から始まる』(一九九九年)である。かつて栄えた炭鉱は閉鎖され失業者があふれている。幼稚園の親たちも保育料が払えなかったり出稼ぎに行く。ダニエルは園長として悩み、奔走する。印象にのこっている場面がいくつもある。

たとえば、幼稚園にいる四歳くらいの女の子が、どうも元気がない。父親が単身赴任で、なかなか家に帰ることができない。遊び相手にもなってもらえないのかもしれない。そんな事情も、その子が元気のない理由の一つだとわかった。父親は大型のトレーラーの運転手であった。園長は、時間のある時に、幼稚園の横に大型トレーラーを運転してきてほしいと頼んだ。しばらくして、巨大なトレーラーが幼稚園の庭に横付けされた。園の子どもたちは、乗せてもらい大喜びであった。もちろん、父親を誇らしげに見つめる女の子の姿があったのである。園長は、こんな子どもの励まし方ができる。

夕方母親が迎えに来る場面がある。赤ちゃんをうば車に乗せて、上の子の迎えにきた。事務所で見ていると、母親の様子が、どうもおかしい。倒れそうなので、「大丈夫ですか」と声をかけると、園庭にうば車をおいて、走って行ってしまった。暗くなっても、母親が来ないので、園長は自家用車に、上の子と赤ちゃんを乗せて、自宅へ送り届けにいった。到着したのだが、部屋は真っ暗である。留守なのかと思ったが、かすかに音がしている。母親は、電気もつかないところで、うずくまっていたのである。母子は生活保護の状態で、電気と水道も止められていること、親自身も十分な栄養がとれていないことがわかった。園長は福祉事務所を相手に、子どもの母親を救うように、猛烈に抗議をするのであった。

幼稚園の子どもの姿を通して、親の暮らしや貧困問題を直視し、その解決をめざす園長の姿に心をうたれ、繰り返し観た。

園長とは、子ども・親・職員の利益のために、身を粉にして働く。気がつくと自分のことは、あとまわしになってしまうこともある。幼稚園や保育園の園長たちは、山積した課題に悩みつつ、こんな心持ちをどこかに秘めて、きょうも、一日が始まっているのではないだろうか。

新制度の導入が目前となっている。これまで、保育制度の改革と実践現場の改善とは、いつも距離が開いていると感じてきた。それでいて、もっとも、影響を受けるのが、子ども、親、そして保育者たちなのである。この中で、園長は、園の子どもの保育に責任を持ち、親との関係づくり、園の経営実務に休む間もなく奮闘している。

これからも、誰に遠慮することなく、子どもや保育者たちの声を、保護者への応援メッセージを、広く社会へ発信してほしい。

すべての子どもに、保育を受ける権利の保障を

子どもたち一人ひとりは、日本社会の未来そのものである。現在、そして未来の日本社会の構成員となる子どもを育てる親たちを支えていきたい。そして、子どもとかかわる保育者たちの置かれた現実を改善したい。

どのようにしたら、その方向へ向かえるのだろうか。まずその根拠として、日本国憲法、児童福祉法、教育基本法、児童憲章、子どもの権利条約などの基本理念があることを確かめることだ。一九四七(昭和二二)年、日本国憲法の精神を踏まえて児童福祉法、教育基本法が制定された。

児童福祉法は、第一条において「すべて国民は、児童が心身ともに健やかに生まれ、かつ、育成されるよう努めなければならない」「すべて児童は、ひとしくその生活を保障され、愛護されなければならない」と明記している。そして、教育基本法では、第三条において教育の機会均等が明記されている。ここでも、「すべて国民は、ひとしく、その能力に応ずる教育を受ける機会を与えられ」と明記している。

では、なぜ、「すべての子どもたち」なのだろうか。

それは、日本が第二次世界大戦への深い反省から、痛切な教訓として示された内容といえるのではないか。つまり、戦争とは、私たち一人ひとりにとって、もっとも身近な家族、親、兄弟姉妹、恋人ら、かけがえのない生命を奪う悲惨な出来事である。ここから導き出した基本的理念、それが「すべての子どもたち」の幸せを、ということではないだろうか。

先輩たちの歴史、悲惨な戦争を二度と繰り返させないという決意から、平和主義、基本的人権の尊重、国民主権を基本とする日本国憲法は誕生した。そして、すべての子どもたちの幸せをめざす、児童福祉法、教育基本法が成立したのである。「すべての」とは、保育園、幼稚園、認定こども園、児童養護施設などで過ごす子どもたち、家庭にいる子どもたち、文字どおり、「すべての子どもたち」である。

一九五一(昭和二六)年には、子どもの権利宣言として児童憲章が制定された。日本国憲法の精神に基づき「児童に対する正しい観念を確立し、すべての児童の幸福をはかる」ための社会的協約だといわれている。「児童が人として尊ばれる、社会の一員として重んぜられ、よい環境のなかで育つ」ことが盛り込まれている。

一九八九(平成元)年には、国連が児童の権利に関する条約(子どもの権利条約)を制定した。日本が一九九四年に批准してから、すでに二〇年間が経過した。子どもの権利条約には、第三条に「児童の最善の利益」が記されている(第2章参照)。

こうして、戦後、日本国憲法・児童福祉法・教育基本法・児童憲章・子どもの権利条約などの基本的理念が確立されてきたのである。ここを踏まえて、改善の施策を一つひとつ具体化することである。

子どもたちにとって「最善の利益を保障する」おとなたちの責任が、より具体的に明らかになってきた。乳幼児期の子どもたちが、ゆったりとした時間の中で、安心できる人間関係を築いていけること、おもいっきり遊べる場所が十分に用意されていくことが必要となる。子どもたちへの保育を拡充すること、すべての子どもの保育を受ける権利を保障するために、私たちおとなは、学び、力をかたむけたい。

二〇〇一（平成一三）年にOECD（経済協力開発機構）が、〇歳から六歳の子どもへの教育とケアの統合を提言する報告書（Starting Strong）をまとめた。その後、二〇〇六年には、Starting Strong IIが発表された。これらは、日本の保育・幼児教育の方向性を展望するときに、検討すべき貴重な資料である。

この中心的メッセージである「人生の始まりこそ、力強く」を、広く、粘り強く伝えていき、日本の保育・幼児教育のさらなる充実をめざしていきたい。

あとがき

地方の私立保育園で保育者・園長として三〇年近く仕事をしてきた。その間ずっと保育の社会的位置づけは、どうしたら向上するのかと考えてきた。大学・短大の教員となってからは、専門の研究分野を保育学とし、保育の歴史や保育現場の課題を追究している。研究者としても、ようやく一〇年だが、保育学は実践現場の当事者(子ども・親・保育者など)の課題に向き合ってこそ意味をもつと考えてきた。

「子どもを社会が育てる」という理念を共有することが、保育の社会的位置づけを向上させる道筋である。その入り口に向かって、おとなが努力を重ねることである。整理してみると、子ども・親・保育者のいまを、見つめることに尽きるのではないか。

そもそも「保育とは何か」という問いは、長い時間をかけて問い続けるテーマである。それを、表現する機会が与えられたことに、とても感謝している。そして、責任の重さをかみしめている。大事なことをわかりやすく書くこと、自分の意見を遠慮なく述べることに、力をかたむけたつもりである。もちろん、内容の責任はすべて私にあるので、読者からの、遠慮のないご批判やご指摘をいただきたい。

最近、『こどもこそミライ──まだ見ぬ保育の世界』(筒井勝彦監督、二〇一三年)というドキュメンタリーを観た。カメラは、いくつかの地域の実践を、ゆっくりと記録している。平凡な言い方だが、子どものもつ素晴らしさを、じっくりたしかめることができる。それは、「子どもの時間」に出会うともいえる。おもいっきりからだを使って遊ぶ、ことばに出し激しいぶつかり合いもする、ハンディのある子と共に生きる、おとなたちが子どもの過ごす場所を考えたり、つくったりもする。子どもたちのいまを共感することが、何事をも創りだすエネルギーであるといったら大げさだろうか。子どものことば、表情、想いを、人間としての権利としてとらえて、「子どもの最善の利益保障」をめざしたい。深く学び合いながら、この輪を広げていきたい。

新制度への率直な批判をすること、積極的提案をすること、いずれも大事にしたい。議論を重ね身近なところから改善できることに着手したい。ここから子どものために真に求められる内容が明らかになる。粘り強さが必要となる取り組みだが、子どもたちの生き生きとした姿へ共感し、おとなたちが手をつなぐことで、たしかな光を見つけ道筋を示すことができると思うが、どうだろうか。

本書を書き終える頃、「自治体が社会福祉法人を優遇」「認可保育園への企業参入を厳しくしている」、それが、「待機児童が減らない一因」という報道に接した。いくつか確かめ議論してほしい内容がある。一つには、非営利団体である社会福祉法人は、児童福祉法の理念を踏まえた保育事業の歴史を築いてきたのである。民間らしい自主的な精神を発揮して、私財も投じて保育を切り拓いてきた事実を確認することができる。社会福祉法人の存在が、待機児童の解消のさまたげになっているかのごとき主張は、筋違いである。もう一つは、保育の質ということを、ていねいに議論することである。私は、保育園の設置主体(市町村立、社会福祉法人、企業など)と保育の質とは、区別して検討するべきだと考えている。地方版の子ども・子育て会議をはじめ、実施主体である市町村において、保育の質の物差しを築きあげる必要がある。全体としては、待機児童問題の解決の道筋を、市町村ごとに粘り強く検討することである。待機児童の元々の意味からして、認可保育園の建設が解決の基本方向である。しかし、同時に増改築や修繕を急ぐことや新制度における諸事業を具体化することである。

最後に、お忙しい中、訪問し学ばせていただいた保育園・幼稚園の園長先生には、心より感謝したい。日本の保育・幼児教育現場の魅力は豊かな地域性・歴史性があることだと感じてきた。各園の実践に学び、深めていきたい。そして、本書を通して多くの先生方、親たち、子どもたちと共に、「子どもを社会が育てる」輪を広げていきたい。

本書の構想を考えはじめてから五年間が経過してしまった。企画が決まってからも、だいぶ時間がすぎた。遅れる執筆作業に対し、新書編集部山川良子さんの、率直であたたかい励ましがなければ、実を結ばなかった。ここに感謝し、あとがきとさせていただく。

近藤幹生

二〇一四年九月

主な引用・参考文献

序　章

尾木直樹『「学び」という希望──震災後の教育を考える』岩波ブックレット，2012 年
『現代と保育』編集部編『忘れない！　明日へ共に──東日本大震災・原発事故と保育』ひとなる書房，2012 年
小幡幸拓・加藤望・北垣智基『東日本大震災が教える　いのちをまもる保育の基準』かもがわブックレット，2013 年
さくら保育園編，安斎育郎・大宮勇雄『それでも，さくらは咲く──福島・渡利 あの日から保育をつくる』かもがわ出版，2014 年

第 1 章

山田昌弘『少子社会日本──もうひとつの格差のゆくえ』岩波新書，2007 年
内閣府「平成 25 年度少子化対策白書」2013 年
全国保育団体連絡会・保育研究所『保育白書』2007 年版～2014 年版
阿部彩『子どもの貧困──日本の不公平を考える』岩波新書，2008 年
阿部彩『子どもの貧困 II──解決策を考える』岩波新書，2014 年
赤石千衣子『ひとり親家庭』岩波新書，2014 年
汐見稔幸・近藤幹生・普光院亜紀『保育園民営化を考える』岩波ブックレット，2005 年
近藤幹生『保育園「改革」のゆくえ──「新たな保育の仕組み」を考える』岩波ブックレット，2010 年

第 2 章

望月彰・米田あか里・畑千鶴乃訳「国連・子どもの権利委員会に

よる「一般的見解」第7号 乳幼児期の子どもの権利」『保育の研究』21号，保育研究所，2006年
大田堯『歩きながら考える生命・人間・子育て』一ツ橋書房，2000年
普光院亜紀『変わる保育園――量から質の時代へ』岩波ブックレット，2007年
普光院亜紀「保育園を選ぶときの基準は何か」『チャイルドヘルス』診断と治療社，2009年
大田堯『『はらぺこあおむし』と学習権――教育基本法の改定に思う』一ツ橋書房，2007年
大田堯『かすかな光へと歩む生きることと学ぶこと』一ツ橋書房，2011年
近藤幹生・瀧口優ほか『実践につなぐことばと保育』ひとなる書房，2011年
近藤幹生『保育園と幼稚園がいっしょになるとき――幼保一元化と総合施設構想を考える』岩波ブックレット，2006年
近藤幹生『人がすき村がすき保育がすき』ひとなる書房，2000年

第3章

あんず幼稚園編，宮原洋一撮影『きのうのつづき――「環境」にかける保育の日々』新評論，2012年
レイチェル・カーソン，上遠恵子訳『センス・オブ・ワンダー』新潮社，1996年
村田道子『せんせいがうまれたときかいじゅういた？』小学館，2002年
近藤薫樹・近藤幹生編著『新版 挑まぬものに発達なし――近しげ先生の子育て人間論』フリーダム，2013年

第4章

田村和之・古畑淳編『子ども・子育て支援ハンドブック』信山社，

2013年
内閣府子ども・子育て支援新制度施行準備室「子ども・子育て支援新制度 なるほどBOOK」2014年
内閣府・厚生労働省・文部科学省「子ども・子育て支援新制度説明会資料」2014年4月
無藤隆・北野幸子・矢藤誠慈郎『認定こども園の時代――子どもの未来のための新制度理解とこれからの戦略48』ひかりのくに，2014年
無藤隆『はじめての幼保連携型認定こども園教育・保育要領ガイドブック』フレーベル館，2014年
前田正子『みんなでつくる子ども・子育て支援制度――子育てしやすい社会をめざして』ミネルヴァ書房，2014年
保育研究所編『これでわかる！　子ども・子育て支援新制度――制度理解と対応のポイント』ひとなる書房，2014年
保育行財政研究会編『よくわかる子ども・子育て新制度1 小規模保育事業』かもがわブックレット，2014年
猪熊弘子『「子育て」という政治――少子化なのになぜ待機児童が生まれるのか？』角川SSC新書，2014年
中山徹・藤井伸生・田川英信・高橋光幸『保育新制度子どもを守る自治体の責任』自治体研究社，2014年
伊藤周平『子ども・子育て支援法と保育のゆくえ』かもがわ出版，2013年
中山徹・杉山隆一・保育行財政研究会編著『テッテイ解明！　子ども・子育て支援の新制度――今考えること，取り組むこと』自治体研究社，2012年
中山徹・杉山隆一・保育行財政研究会編著『直前対策！　子ども・子育て支援新制度PART2――本格実施までに，何をすべきか，考えるべきか』自治体研究社，2013年
「特集 私たちの保育と新制度」『保育問題研究』265号，新読書社，2014年
「特集 変わる保育と保育現場」『現代と保育』89号，ひとなる書

房，2014 年
保育研究所編『保育情報』2013 年 1 月〜12 月号，2014 年 1 月〜8 月号
「特集 子ども・子育て支援新制度の問題点」『住民と自治』自治体研究所，2014 年 8 月号
「特集 保育現場の現状と課題」『労働調査』労働調査協議会，2013 年 10 月号
今井和子・福井市公私立保育園保育研究会『遊びこそ豊かな学び──乳幼児期に育つ感動する心と，考え・表現する力』ひとなる書房，2013 年
小田中聰樹『希望としての憲法』花伝社，2004 年

第 5 章

貴戸理恵『「コミュニケーション能力がない」と悩むまえに─生きづらさを考える』岩波ブックレット，2011 年
垣内国光・東社協保育士会編著『保育者の現在──専門性と労働環境』ミネルヴァ書房，2007 年
垣内国光編著『保育に生きる人びと──調査に見る保育者の実態と専門性』ひとなる書房，2011 年
上林陽治『非正規公務員という問題──問われる公共サービスのあり方』岩波ブックレット，2013 年
普光院亜紀『日本の保育はどうなる──幼保一体化と「こども園」への展望』岩波ブックレット，2012 年
ベルトラン・タヴェルニエ監督『今日から始まる』1999 年，フランス映画
教育と医学の会『教育と医学』2014 年 No. 728「特集 2 子どもと SNS」，慶應義塾大学出版会
OECD 編著，星三和子・首藤美香子・大和洋子・一見真理子訳『OECD 保育白書──人生の始まりこそ力強く：乳幼児期の教育とケア（ECEC）の国際比較』明石書店，2011 年
恩賜財団母子愛育会・日本子ども家庭総合研究所編『日本子ども

資料年鑑』KTC 中央出版，2014 年

あとがき

筒井勝彦監督『こどもこそミライ——まだ見ぬ保育の世界』2013 年，ドキュメンタリー映画

近藤幹生

1953年東京都生まれ．信州大学教育学部卒業，聖徳大学大学院博士課程修了．博士(児童学)．1978〜2004年，長野県・山梨県・千葉県で私立保育園保育士・園長を経験．2004〜07年，長野県短期大学幼児教育学科専任講師，同付属幼稚園園長兼務．2007年より，白梅学園短期大学保育科准教授，同大学子ども学部教授を経て，2018年より2021年まで白梅学園大学白梅学園短期大学学長．現在，白梅学園大学大学院特任教授．日本保育学会・日本教育学会・幼児教育史学会・関東教育学会などの会員．
主な著書に『保育園と幼稚園がいっしょになるとき』『保育園「改革」のゆくえ』(いずれも岩波ブックレット)，『保育の自由』(岩波新書)など．

保育とは何か　　岩波新書(新赤版)1509

2014年10月21日　第1刷発行
2022年 1 月14日　第6刷発行

著　者　近藤幹生《こんどうみきお》

発行者　坂本政謙

発行所　株式会社 岩波書店
〒101-8002 東京都千代田区一ツ橋2-5-5
案内 03-5210-4000　営業部 03-5210-4111
https://www.iwanami.co.jp/

新書編集部 03-5210-4054
https://www.iwanami.co.jp/sin/

印刷・理想社　カバー・半七印刷　製本・中永製本

ISBN 978-4-00-431509-4　　Printed in Japan

岩波新書新赤版一〇〇〇点に際して

ひとつの時代が終わったと言われて久しい。だが、その先にいかなる時代を展望するのか、私たちはその輪郭すら描きえていない。二〇世紀から持ち越した課題の多くは、未だ解決の緒を見つけることのできないままであり、二一世紀が新たに招きよせた問題も少なくない。グローバル資本主義の浸透、憎悪の連鎖、暴力の応酬――世界は混沌として深い不安の只中にある。

現代社会においては変化が常態となり、速さと新しさに絶対的な価値が与えられた。消費社会の深化と情報技術の革命は、種々の境界を無くし、人々の生活やコミュニケーションの様式を根底から変容させてきた。ライフスタイルは多様化し、一面では個人の生き方をそれぞれが選びとる時代が始まっている。同時に、新たな格差が生まれ、様々な次元での亀裂や分断が深まっている。社会や歴史に対する意識が揺らぎ、普遍的な理念に対する根本的な懐疑や、現実を変えることへの無力感がひそかに根を張りつつある。そして生きることに誰もが困難を覚える時代が到来している。

しかし、日常生活のそれぞれの場で、自由と民主主義を獲得し実践することを通じて、私たち自身がそうした閉塞を乗り超え、希望の時代の幕開けを告げてゆくことは不可能ではあるまい。そのために、いま求められていること――それは、個と個の間で開かれた対話を積み重ねながら、人間らしく生きることの条件について一人ひとりが粘り強く思考することではないか。その営みの糧となるものが、教養に外ならないと私たちは考える。歴史とは何か、よく生きるとはいかなることか、世界そして人間はどこへ向かうべきなのか――こうした根源的な問いとの格闘が、文化と知の厚みを作り出し、個人と社会を支える基盤としての教養となった。まさにそのような教養への道案内こそ、岩波新書が創刊以来、追求してきたことである。

岩波新書は、日中戦争下の一九三八年一一月に赤版として創刊された。創刊の辞は、道義の精神に則らない日本の行動を憂慮し、批判的精神と良心的行動の欠如を戒めつつ、現代人の現代的教養を刊行の目的とする、と謳っている。以後、青版、黄版、新赤版と装いを改めながら、合計二五〇〇点余りを世に問うてきた。そして、いままた新赤版が一〇〇〇点を迎えたのを機に、人間の理性と良心への信頼を再確認し、それに裏打ちされた文化を培っていく決意を込めて、新しい装丁のもとに再出発したいと思う。一冊一冊から吹き出す新風が一人でも多くの読者の許に届くこと、そして希望ある時代への想像力を豊かにかき立てることを切に願う。

（二〇〇六年四月）

教育

大学は何処へ 未来への設計　吉見俊哉
教育は何を評価してきたのか　本田由紀
小学校英語のジレンマ　寺沢拓敬
アクティブ・ラーニングとは何か　渡部　淳
保育の自由　近藤幹生
異才、発見！　伊藤史織
パブリック・スクール　新井潤美
新しい学力　齋藤　孝
学びとは何か　今井むつみ
考え方の教室　齋藤　孝
学校の戦後史　木村　元
保育とは何か　近藤幹生
中学受験　横田増生
いじめ問題をどう克服するか　尾木直樹
教育委員会　新藤宗幸

先生！　池上　彰編
教師が育つ条件　今津孝次郎
大学とは何か　吉見俊哉
赤ちゃんの不思議　開　一夫
日本の教育格差　橘木俊詔
社会力を育てる　門脇厚司
子どもが育つ条件　柏木惠子
障害児教育を考える　茂木俊彦
誰のための「教育再生」か　藤田英典編
教育力　齋藤　孝
思春期の危機をどう見るか　尾木直樹
幼児期　岡本夏木
教科書が危ない　入江曜子
「わかる」とは何か　長尾　真
学力があぶない　大野　晋 上野健爾
ワークショップ　中野民夫
子どもの危機をどう見るか　尾木直樹

子どもの社会力　門脇厚司
教育改革　藤田英典
子どもとあそび　仙田　満
子どもと学校　河合隼雄
教育とは何か　大田　堯
からだ・演劇・教育　竹内敏晴
教育入門　堀尾輝久
子どもの宇宙　河合隼雄
子どもとことば　岡本夏木
自由と規律　池田　潔
私は二歳　松田道雄
私は赤ちゃん　松田道雄
ある小学校長の回想　金沢嘉市